成吉思汗箴言

那仁敖其尔　那顺乌力吉（编著）

那顺乌力吉（译）

内蒙古出版集团

内蒙古人民出版社

图书在版编目（CIP）数据

成吉思汗箴言 / 那仁敖其尔，那顺乌力吉编著；

那顺乌力吉译 .—呼和浩特 : 内蒙古人民出版社 ,2015.11

    ISBN 978-7-204-13781-7

    Ⅰ . ①成… Ⅱ . ①那…②那… Ⅲ . ①成吉思汗

（1162 ~ 1227）—箴言　Ⅳ . ① K827=47

    中国版本图书馆 CIP 数据核字 (2015) 第 297061 号

成吉思汗箴言

作　　者	那仁敖其尔　那顺乌力吉
译　　者	那顺乌力吉
责任编辑	朱莽烈　张桂梅
封面设计	苏德佈仁
出版发行	内蒙古人民出版社
地　　址	呼和浩特市新城区中山东路 8 号波士名人国际 B 座 5 楼
印　　刷	内蒙古爱信达教育印务有限责任公司
开　　本	710×1000　1/16
印　　张	14
字　　数	220 千
版　　次	2016 年 1 月第 1 版
印　　次	2016 年 3 月第 1 次印刷
印　　数	1—3000 册
书　　号	ISBN 978-7-204-13781-7/I・2662
定　　价	26.00 元

图书营销部联系电话 :（0471）3946298 3946267

如发现印装质量问题，请与我社联系，联系电话 :（0471）3946120

作者简介

那仁敖其尔

1936 年 9 月生，蒙古族，内蒙古兴安盟科右中旗坤都冷人，中共党员，教授。1979 年在内蒙古党校任教研室副主任、主任；1990 年调至内蒙古林学院，先后任党委副书记兼纪委书记、党委书记；1998 年被内蒙古自治区政府聘为参事、内蒙古高级人民法院特级咨询员；现任中国领导科学研究会常务理事、中国管理科学研究院学术委员会特约研究员、内蒙古科学社会主义研究会副会长。出版专著有《蒙古族传统家教》(蒙古文)、《奇颜精神》(蒙古文)等。主编出版《中国领导科学文库》(少数民族卷)、《社会主义民主论》《中国社会主义领导学》等著作，发表《关于实现领导问题》《领导科学的主要范畴及范畴圈》《论领导性质、领导本质及其规律》《学习邓小平核心论思想》等数十篇论文，参与组织领导召开了全国第一次毛泽东领导思想研讨会、全国高校系统第二次领导科学研讨会和全国第七次领导科学研讨会。主持完成 1996 年度社会科学国家基金资助项目《邓小平核心辩证法》(最终成果)和 2005 年度社会科学国家基金资助项目《成吉思汗与蒙古文化》。现主持 2007 年度社会科学国家基金资助项目《成吉思汗言论考》，研究的方向或重点是成吉思汗思想和古代蒙古文化。曾荣获内蒙古哲学社会科学优秀成果一等奖 1 次、二等奖 2 次，在全国第二次领导科学优秀成果评奖中获二等奖 2 次。1993 年被推选为有突出贡献的专家学者，享受政府特殊津贴。

那顺乌力吉

1959 年 9 月生，蒙古族，内蒙古锡林郭勒盟正镶白旗人，内蒙古师范大学旅游学院蒙古历史文化研究所教授，硕士生导师。成吉思汗研究院特邀研究员、成吉思汗研究基金会理事、鄂尔多斯学研究会专家委员、察哈尔文化研究促进会专家、国际蒙古学学会会员、中国蒙古学学会会员、中国蒙古史学会会员。

主要从事蒙古古代政治史与文化史方面的研究和教学工作。主持国家社会科学基金项目《成吉思汗八白帐研究》和《成吉思汗八白帐文献与蒙古历史文献比较研究》,参与国际合作项目《喀尔喀法典研究》,国家级项目《成吉思汗言论考》《档案·清代阿拉善和硕特旗历史档案》,省部级项目《清代阿拉善蒙古地区蒙汉移民与社会变迁》《草原文化区域分布研究》,厅局级项目《鄂尔多斯市旅游业发展模式研究》等。《关于怯薛与达尔扈特》(《内蒙古大学学报》2000年第4期)一文于2003年11月荣获内蒙古自治区第七届社会科学优秀成果优秀奖。《准噶尔汗廷祭祀》(《内蒙古社会科学》2005年第3期)一文于2008年11月荣获内蒙古自治区第二届哲学社会科学优秀成果政府奖三等奖。参与撰写的《草原文化区域分布研究》(2007年出版)一书于2008年9月荣获内蒙古自治区第二届政府奖一等奖。发表蒙古汗廷天地祭祀、斡耳朵祭祀、怯薛与达尔扈特、察哈尔、鄂尔多斯、厄鲁特等方面的学术论文五十多篇。

序言

　　成吉思汗言论与箴言在13—14世纪由大蒙古国官方文书和史书中记录下来，并且在当时的政治和社会生活等广泛领域发挥了指导性作用。17—19世纪蒙古文史书中成吉思汗的历史活动和言论所占的篇幅要比其他可汗多得多。成吉思汗言论在这些史书中被记录下来的同时被单独编辑成册，在蒙古人的历史发展进程中发挥了不可替代的重要作用。

　　20世纪初到21世纪初的一百年中，专门汇集出版的有代表性的成吉思汗箴言集已有以下几种：1.1915年俄国策旺教授编辑出版了一部《圣成吉思汗黄金箴言》的小册子。1999年蒙古国博士、教授额·普日布扎布将这部册子转写成西里尔文并加注出版。2.1924年蒙古国经书院编辑出版了一部《圣成吉思纪念文集》的小册子。1926年蒙文书社创始人特睦格图先生将此书在北京再版发行。2000年蒙古国博士、教授额·普日布扎布将这部册子转写成西里尔文并加注出版。3.蒙古国院士策·达木丁苏荣于1959年编辑出版的《蒙古古代文学一百篇》中专辟几章收录了成吉思汗箴言。4.格·那木吉拉教授于1989年出版了《成吉思汗札撒与必里克》一书。5.1993年道·德力格尔仓教授编辑出版了《成吉思汗智慧之光》一书。6.蒙古国格·阿开姆于1999年在乌兰巴托编辑出版了《成吉思汗智慧赏赐》一书。成吉思汗传、大蒙古国历史、蒙古史、蒙古思想史、蒙古文学史等诸多领域的研究成果也不同程度地收录并研究了成吉思汗言论和箴言。然而上述单行本主要收集了成吉思汗箴言，而忽略了成吉思汗有关政治、外交、军事、用人等方面的圣旨、政令和言论。上述历史、文学史、思想史专著虽然涉及成吉思汗言论和箴言，但不够全面。

　　成吉思汗言论是成吉思汗思想的重要载体,而成吉思汗思想则是成吉思汗成功的思想基础和精神支撑。多年来人们在探索成吉思汗成功之谜时往往只注重他的伟大实践和业绩,而忽视其思想,结果出现了没什么深刻思想的"野蛮人"成为世界公认的伟大军事家和政治家的"怪事"。当然,原因是多方面的,其中一个重要原因是,至今没有编辑出版过一部较全面、客观地反映成吉思汗思想的成吉思汗言论集。成吉思汗不仅实现了古代蒙古各部落的统一,促成了蒙古民族的历史性飞跃,而且在时代精神和民族精神的统一上,开创了既坚持传统,又面向其他民族先进文化、面向世界的民族文化发展的新道路,这对今天的世界仍具有重大意义。实现这一切的圣主成吉思汗不仅是一位政治家、军事家,而且是一位伟大的思想家。伟大思想家成吉思汗的思想体现在他的言论中,所以成吉思汗言论不仅具有史料价值和学术价值,而且已经成为人类文明的珍贵遗产。

　　在长期的历史发展过程中,乞颜部已有了乞颜、约孙、额耶、苏力德等术语和词语所表达的哲学思想,这些思想通过众多基本的实践理念影响或指导着古代蒙古人。这些理念是通过他们对生活实践的理解或认识的名词和词语来表达和运用的。后来成吉思汗创立回鹘式蒙古文,尤其是随着《蒙古秘史》的编写,出现了用文字记载的专门概念和理念的统一,使蒙古文化提升到新的历史阶段。因此,成吉思汗反复提及的也可约孙、也可额耶、乞颜、苏力德等概念和古代蒙古人日常生活中所运用的相同概念和术语是不一样的,它已经成为成吉思汗思想的来源和主要组成部分,并且是同他的实践相结合,提升(升华)为理论化的理念。顺便应注意以下几点:在当时,一方面将约孙、木日约孙、图日约孙理解为相同的概念,交替使用;另一方面从其意义的抽象与具体、普遍与特殊性出发将其分为木日约孙(规律)、道德、法律三个概念来使用。这是从逻辑和历史的统一来理解当时思维发展的结果。

　　一、全面、准确理解和掌握成吉思汗言论的主要内容和基本思想,首先要深刻理解、准确把握他的信仰观。成吉思汗说:"我决不让祖居沦丧,决不允许破坏他们的规矩,习惯!"①。其中苏力德信仰肯定是其祖宗时期传承下来的众多信仰中应该首先被提到的核心信仰。成吉思汗创造性地继承和发展了祖先的这一信仰,使苏力德信仰成为全蒙古人的中心信仰,因此蒙古人才紧密团结,以极大的热情和不懈的勇气实现共同的希望,使蒙古民族跻身世界先进民族行列。在这里信仰观

---

① [波斯]拉施特:《史集》(卷一 第二分册),余大钧、周建奇译,商务印书馆,1983年,178页。

起了决定性作用。如果将所有信仰观视为人类为了掌握世界而创造的作品,那么蒙古人创立的苏力德信仰可以认定是他们为了认识并掌握自己而创立的蒙古式作品。虽然古代苏力德信仰同宗教信仰交织在一起,在很多方面受到了宗教的影响,但在本质上同宗教不一样。换句话说,它不像宗教那样认为人间之外有某种神灵创造并控制着人间,而是认为自己具有依靠"胆识、勇气、毅力"① 挽救自己的传统。阿阑·豁阿的"额耶腾"教育、合不勒汗"恢复乞颜"的文化传统、德·薛禅的"乞颜苏力德"训言、月伦母亲亲自举起苏力德旗帜等等都是蒙古历史文化优秀传统的典型例子,都是成吉思汗严守坚持、创造性发展的苏力德信仰传统。

1204 年 4 月 16 日,成吉思汗做与乃蛮部决战的动员时以最高统帅的身份祭祀苏力德,充分体现了苏力德权威、神圣、崇高的地位,尤其是 1206 年成吉思汗在斡难河源头建立大蒙古国、即可汗位时树起九斿白旗一事非同一般。从此苏力德信仰成为蒙古人的中心信仰,"君主苏力德""圣主苏力德"理念形成并普及的同时,宣告了蒙古人独具特色的具理性与物性的,如黑、白、花三种苏力德形式;具个人与全民族性相统一的文化精神,神圣与人格化相统一的苏力德信仰体系的形成。作为蒙古文化核心的苏力德信仰是蒙古文化精神的集中体现,所以融入到了蒙古人生活的各个方面。由于诸多原因苏力德信仰采用了宗教祭祀形式,但是苏力德祭祀行为不具有神化性质,而是自身力量的鼓励或集体力量的凝聚和动员。只有真正理解成吉思汗苏力德信仰的本质,才能准确理解和掌握成吉思汗言论集。

二、全面、准确理解和掌握成吉思汗言论的主要内容和基本思想,必须深刻理解、准确把握他的思维方法,尤其是他的想象思维能力。想象思维是在历史上长期而广泛使用的、不可替代的、独立的一种基本思维形式。学者们根据人脑的基本能力,将人类基本思维形式分为想象思维和抽象思维两种。随着文字的产生和科学的发展,抽象思维形式主要通过概念系统或逻辑研究获得快速发展,在有些文明民族中它作为哲学促进了他们对思维的研究,同时也促进了这种思维能力的提高。换句话说,抽象思维以概念变化或逻辑形式推动哲学发展,并被推广到世界各地。然而,想象思维形式不像抽象思维,未能广泛传播。只有在蒙古人的游牧生活中,伴随着应付大自然的灾害和灾难,才发展出了他们独具特色的想象思维方法。成吉思汗作为伟大的思想家,创造性地继承和发展了想象思维方法,以想象思维为主

①《蒙古族哲学及社会思想史资料汇编》,内蒙古教育出版社,1989 年,645 页。

的同时,结合抽象思维,使蒙古人的思维达到了时代发展的顶峰,在人类思维史上做出了不朽的贡献。学者们认为不懂蒙古格言和谚语就不能理解蒙古人。蒙古格言和谚语几乎全部是想象思维作品。这就是格言和谚语能够在蒙古人中间高度发展和广泛传播的重要原因之一。

成吉思汗的想象思维以其自己的特色强烈吸引着人们的注意。如上所述,想象思维和抽象思维是人类的两种基本思维形式。成吉思汗思维的一个突出特点是以想象思维为主,想象思维和抽象思维相统一体现出来的。这是由于蒙古文化的发展状况,即当时的概念系统或抽象思维尚未达到希腊文化那种程度而造成的结果。与此同时,蒙古人的游牧生活和狩猎生活有助于激发他们的想象思维,所以他们的想象思维愈发得到了锻炼和提高。成吉思汗在他的戎马生活中发挥自己的聪明才智,形成并发展了以想象思维为主的思维形式。如:"纳忽昆之战"是成吉思汗建立大蒙古国、实现蒙古民族形成中决定性的战役,此次战役中成吉思汗提出了著名的战争三原则。他提出:

"像灌木丛般地前进,

摆开海子般的阵势,

像凿子般地攻进去!"①

这里将自己军队的前进比喻为"灌木丛般",将包围敌人的阵势比喻为"海子般",将针对敌人统帅或要害的进攻比喻为"凿子般"。将浩大而复杂的战争场面能如此生动而准确地表达出来,完全是形象思维和想象思维的成功所在,是他的想象思维能力的集中体现。再如成吉思汗说:

"攀登高山的山岭,

指向大海的渡口。

不要因路远而踌躇,

只要走,就必达到;

不要因担重而畏缩,

只要扛,就必举起!

吃肉的牙,长在嘴里;

吃人的牙,藏在心中。

---

① 额尔登泰、阿尔达扎布:《蒙古秘史还原注释》,内蒙古教育出版社,1989 年,645 页。

体力坚强,只能战胜独夫;

意志坚强,才能战胜万众。"①

这是想象思维的典型例子。在这里用"山岭"和"渡口"代替规律或木日约孙,用"不要踌躇"代替胆量和勇气,用"走"和"扛"代替实践,用"吃人的牙"和"意志坚强"代替佩服和凝聚力。这里道理、勇气、实践、智慧等概念,通过生活理念,通过间接、象征的比喻方式,尤其是想象思维,表达出来。换句话说,就是将生活中的具体概念通过想象思维使其灵活具体,同时也将自己的想象思维变得更加生动而具体。遗憾的是,由于种种原因,长期以来对形象思维这一优良传统未能给予足够重视和深入研究,未能用理论形式加以推广。

成吉思汗想象思维的另一个突出特点是提倡智慧或崇尚智慧的力量。智慧是人脑的功能。人脑的功能一般分为记忆功能和思维功能两种。根据发挥作用的形式将思维能力分为抽象思维和想象思维两种基本形式。以古希腊为代表的众多国家民族学者从概念系统或逻辑研究入手,以珍视人类智慧为出发点和路径,发展抽象思维,创立哲学学派,为人类文明的发展做出了不朽的贡献。然而他们没有足够崇尚或重视形象思维,所以教条主义容易盛行。但是我们蒙古祖先基于游牧生活,在应付凶猛野兽的过程中获得了深刻理解想象思维方法的能力,开辟了崇尚智慧的独具特色的新路,创造了极具特色的文化传统。成吉思汗发挥聪明才智,崇信人类的智慧之力,信奉"祖宗之约孙"。所以,成吉思汗后裔或继承其思想和事业的继承者们将成吉思汗的言论和训诫分为"札撒"和"箴言"两种,并传承至今。因此蒙古人有意识地传承和推广了哲学思想。近代大作家、大思想家尹湛纳希指出:

"身强者一代英雄,

智强者万代英雄。"②

这句话是说中了蒙古传统文化基本特点的至理名言。它一方面深刻认识到了成吉思汗为智慧英雄的本质特点,另一方面表达了崇尚智慧英雄的基本价值观。

成吉思汗说:

"若无智能谋略,

就是连胯下的山羊羔子,也不易杀着吃;

---

① 罗卜桑丹津:《黄金史》,内蒙古人民出版社,1999年,401页。
② 尹湛纳希:《青史演绎》第三册,内蒙古人民出版社,1979年,1454页。

若有智能谋略，

就是连山下的青羊羔子，也不难杀着吃。"①

学者们认为当时的蒙古人特别重视智慧和谋略的并用，这点非常正确。智慧作为人脑的功能直接体现或表达着人的本性。所以学者以智慧作为重要标志，将人类从猿人到现代人分为四个阶段，即早期猿人、晚期猿人、早期智人、晚期智人。这是体现人的本能和本性的科学观点。成吉思汗以其独具特色的聪明才智发展和完善了蒙古文化的想象思维能力，沿着想象思维路径珍视并追求人类的智慧，给人类文化宝库贡献了具有蒙古特色的哲学思想体系。成吉思汗言论集体现的"重视实际""尊重变化""提倡实践""尊重主观能动性"等成吉思汗思想，一方面明确无误地体现了成吉思汗过人的智慧，另一方面也充分体现了他的想象思维能力。尤其值得注意的是，成吉思汗的想象思维已在其众多斗争中通过众多具体事件形象地表达出来了。如："两辕"（177 节）、"两轮"（177 节）或"两翼"（212 节）来表达事物的两方面的关系，用"能治家者即能治国；能率领十人作战者，即可委付以千人、万人，他能率领千人、万人作战"② 为例，表达了共性和特性的关系。众所周知，这一对关系问题是哲学史上的重大问题。根据这两个简单的例子，我们在得知成吉思汗拥有过人智慧的同时，也能够深刻理解他的哲学思想的高度。

总结起来，成吉思汗极具智慧的想象思维是基于游牧生活，创造性地继承发展蒙古文化优良传统的结晶。它的集中体现是苏力德信仰。成吉思汗祖先以乞颜为自己的姓氏，高举乞颜苏力德，再经由成吉思汗的深刻理会与认真思考，最终崇尚九斿白旗，从而规范了蒙古人的中心信仰。这些是成吉思汗想象思维在历史和逻辑统一上的实现和胜利。其实，乞颜、苏力德、木日约孙和成吉思汗一再提到的"豪杰心胸"（205 节）、"大名头的人"（201 节）、"多头蛇"等词语或说法都是想象思维的典型表达。

三、全面、准确理解和掌握成吉思汗言论的主要内容和基本思想，需要深刻理解、准确把握他的政治思想和基本哲学观。窝阔台汗成功地继承成吉思汗建立的政权和事业的同时，准确理解并强有力地执行了成吉思汗的思想，尤其是他的政治思想。例如：《蒙古秘史》277 节明确记载了窝阔台汗援引的成吉思汗箴言，即"[人]多使人怕，[水]深教人死"（"众人可畏、深水可殆"），这是深刻表达成吉思汗思想

---

① 罗卜桑丹津：《黄金史》，内蒙古人民出版社，1999 年，401 页。

② 赛熙亚乐：《成吉思汗传》，内蒙古人民出版社，1987 年，4—5 页。

的典型训诫,尤为集中体现并生动表述了成吉思汗的政治思想和哲学思想。由于所有民族和国家历史上的伟大政治家都重视人民,能够凝聚人民力量,所以能够取得成功且推动历史的发展。祖宗训诫《宇宙之道,众人之理》是蒙古文化的优秀传统。因此作为众人之力、众人之利、众人之理之综合的"[人]多使人怕,[水]深教人死"至理名言应该是最重要的政治,最生动的哲学。

这里顺便说明的是,本文所引用的阿尔达扎布先生出版的书中将"[人]多使人怕,[水]深教人死"译成"人多力大,水深可怕"。这样的译法肯定受到了策·达木丁苏荣说法的影响。这样表述虽然具有文化根据并极易理解,但是在表达众人之利和众人之理的权威和力量方面尚显不足,所以在这里我们尊重原先的说法,引用了"[人]多使人怕,[水]深教人死"这一表述。成吉思汗所说的"众"不是抽象的众多概念,首先指的是他的子嗣和民众。以人民为主的群众观充分体现了成吉思汗全部思想的高度,所以才闻名史册、深入人心。"[人]多使人怕,[水]深教人死"是这一思想最生动、最深刻,而且是最具蒙古特色的表述。由于如此深刻地认识了人民的历史作用,所以成吉思汗在如此长久的历史过程中被人民群众记忆并受到他们的崇拜和祭祀。尤其是他的言论在几百年的历史过程中深刻影响着民族文化和广大牧民群众这一点实属奇迹,理应受到尊重。

如果不能够准确理解成吉思汗的基本政治思想和基本哲学观,怎能准确理解他的"我决不让祖居沦丧"[①]这句最高政治目标的内涵。"祖居(祖宗的故乡)"和"祖宗之约孙"是成吉思汗全部思想和事业的两大支柱。因为,家乡是众人之利、众人之理。

编写《成吉思汗箴言》的目的是尽可能汇集成吉思汗的所有言论和箴言,以便较全面地展示成吉思汗的思想。为了通过成吉思汗言论和箴言的阶段性展示成吉思汗思想的时代特点,将成吉思汗言论分为五部分。第一部分为《建国前的言论》,本部分汇集了成吉思汗少年时代和建立大蒙古国时期的言论。第二部分为《建国及传位时的言论》,本部分汇集了成吉思汗建立大蒙古国,创立政治军事组织和制度,委任官员和传位时期的言论。第三部分为《与西方诸国接触时的言论》,第四部分为《与南方诸国接触时的言论》,这两部分汇集了成吉思汗南下西征,奠定蒙古世界大帝国时期的言论和箴言。第五部分为《未注明时间地点的言论》,本部分

---

①[波斯]拉施特:《史集》(卷一第二分册),余大钧、周建奇译,商务印书馆,1983年,178页。

汇集了未注明时间地点的言论和箴言。

编写《成吉思汗箴言》的主要参考文献如下：《蒙古秘史》、志费尼《世界征服者史》、拉施特《史集》、《圣武亲征录》、李志常《长春真人西游记》、宋濂等撰《元史》、《黄金史纲》、《成吉思汗传》、萨冈彻臣《蒙古源流》、善巴《阿萨拉克其史》、《大黄册》、罗卜桑丹津《黄金史》、达尔马固始《金轮千辐》、拉西朋斯克《水晶念珠》、《智慧的钥匙》等。

为了便于阅读和利用，在每段言论前分别列出标题，言论后附上了引用书名和简要题解，并在有些言论后附上了注释。标题以尽可能概括反映言论的主要内容为目的进行编写，标题中出现的人名也以所引言论中的人名为准。引用书名交代了书名、版本和页码。题解里简单介绍了言论的历史背景。注释里交代了必要的说明。有些言论是以交谈的形式出现的，所以与交谈有关的其他人的言论和事件也纳入言论中。

由于时间、经费和能力等的限制，未能全面汇集成吉思汗言论。文献中有些意思相近的词语未能进行比较研究，敬请相关研究者及广大读者谅解。

目 录

建国前的言论

晃豁坛氏察剌合老人的劝诫

蒙力克带回铁木真时,也速该·把阿秃儿已去世。铁木真看此情景,悲痛欲绝,扑倒在地。晃豁坛氏察剌合老人规劝道:

"你为何如同白肚鳟鱼般蹦跳悲啼,

我们不是说好要强军图强吗?

你为何如同尖头鲫鱼般卧地悲痛,

我们不是谈好要建国自强吗?"

听到此番话铁木真就不再哭泣了。

罗卜桑丹津《黄金史》乌兰巴托版 1990 年 15 页

【题解】铁木真九岁时(公元 1170 年)父亲被害,也速该留下的孤儿寡母,感到孤单无靠,此为长子铁木真悲痛欲绝时,晃豁坛氏察剌合老人规劝铁木真的话。

与泰亦赤兀惕争夺百姓

他(成吉思汗)用蒙古谚语作答,大意是这样的:"我已打定主意,决不犹豫,无论如何也不会动摇的!"说罢,他就骑上马到泰亦赤兀惕人那边去了。

拉施特《史集》第一卷第二分册余大钧、周建奇译

商务印书馆 1992 年 109 页

【题解】铁木真九岁(公元 1170 年)失去父亲,此为泰亦赤兀惕人欺负孤儿寡母,夺走其属民时,铁木真所说的话。

诃额仑母亲训诫帖木真与合撒儿

有一天,帖木真、合撒儿、别克帖儿、别勒古台四个人,同坐在一起拉鱼钩时,一条闪亮的小鱼上了钩。别克帖儿、别勒古台二人向帖木真、合撒儿二人夺取了那条小鱼。

帖木真、合撒儿二人回到家里,对夫人母亲说:"一条闪亮的小鱼上了钩,却被别克帖儿、别勒古台兄弟两人夺走了!"

夫人母亲说:"不要这样!你们兄弟之间,怎么可以这样互

【题解】也速该去世后,被泰亦赤兀惕人遗弃在营地的铁木真一家异母兄弟为争夺猎物发生口角,此为铁木真、哈撒儿回家向母亲状

告以及母亲对他们的教诲。

相不和？咱们如今形单影只，孤苦无靠，正所谓除影子外再也没有朋友，除尾巴外再也没有鞭子。咱们怎么能报复泰亦赤兀惕氏兄弟们所加给的苦难呢？"又说："你们为什么要像以前阿阑·豁阿母亲的五个儿子那样地不和睦呢？你们不要这样。"

当时，帖木真、合撒儿两人不高兴地说："以前用箭射得一个雀儿，被他们夺走了。今天又那样地抢夺。咱们怎么能够同他们在一起生活呢？"说罢，把门推开走出去了。

余大钧译注《蒙古秘史》河北人民出版社 2001 年 75—77 页

被泰亦赤兀惕人拘捕

帖木真在密林里住了三夜，想要出去，牵着马正走着，他的马鞍子从马背上脱落下来。他回头一看，见板胸仍旧扣着，肚带仍旧束着，而马鞍却脱落了。

他自言自语地说："肚带束着，马鞍脱落倒还有可能，这板胸扣着，鞍子怎么会脱落下来呢？莫不是上天阻止我走出去？"于是，他走回密林里又住了三夜。再次走出来时，却见密林出口处有帐庐般大的一块白石倒下来塞住了出口。

他说："莫不是上天阻止我走出去？"他就又走回密林里住了三夜。就这样共住了九夜，吃的东西没有了。

他说："与其这样无声无息地死去，不如走出去吧。"可是密林出口阻塞着那块倒下来的大如帐庐的白石，不能从白石周围走出去。帖木真就用他的削箭的刀，砍断一些树木，牵着马一步一滑地走出来。刚走出密林出口，帖木真就被泰亦赤兀惕围守者捉住带走了。

余大钧译注《蒙古秘史》河北人民出版社 2001 年 81 页

帖木真寻找锁儿罕·失剌的家

等他们解散之后，帖木真心里想道："前些日子巡行各家轮流住宿的时候，曾住在锁儿罕·失剌的家里，他的两个儿子沉白、赤老温心疼我，夜里见了我，把木枷解下来，让我睡觉。如今

【题解】铁木真为逃脱泰亦赤兀惕人的追捕，钻进帖儿古捏·温都儿山密林，后来走出山林被捕。本文记载了当时铁木真自言自语的话。

【题解】本文记载了铁木真为躲避泰亦赤兀惕人的追捕，在逃跑途中去寻找

锁儿罕·失剌看见我,不去告发就走过去了。现在只有他们能救我了。"于是,他顺着斡难河去寻找锁儿罕·失剌的家。

余大钧译注《蒙古秘史》河北人民出版社 2001 年 87 页

帖木真与孛斡儿出相识

有一天,家门前的八匹银灰色骗马,被劫贼看见,劫走了。帖木真等徒步无马,眼看着被劫走了,追赶不上。

当时别勒古台骑着秃尾甘草黄劣马,捕捉土拨鼠去了。夕阳西下后,别勒古台在秃尾甘草黄劣马上,满驮着土拨鼠,把马压得颤动,他牵着马步行回来了。

听到银灰色骗马都被劫贼抢走了,别勒古台说:"我去追!"合撒儿说:"你不行,我去追!"帖木真说:"你们都不行,还是我去追吧。"说罢,骑上那匹秃尾甘草黄劣马,循着草上踏过的踪迹,去追踪银灰色骗马。

过了三夜,清晨时在途中遇见一个大马群,有个伶俐的少年在马群中挤马奶,就询问他见没见过那些银灰色骗马。那少年说:"今天清晨太阳出来以前,有八匹银灰色骗马从这里被赶过去了。我指给你踪迹。"说罢,让帖木真把秃尾甘草黄劣马放了,给他换了一匹黑脊白马骑上。那少年自己骑上一匹淡黄色快马,连家也不回,把盛奶的皮桶、皮斗扎起来,放在野地上。那少年对帖木真说:"朋友,你来得很辛苦了,男子汉的艰辛都一样,我愿做你的友伴。我父亲名叫纳忽·伯颜,我是他的独生子。我的名字叫孛斡儿出。"说罢,就循着踪迹去追踪那些银灰色骗马。又过了三夜,夕阳衔山时,到达一营百姓处,见那八匹银灰色骗马正在大营地旁边吃草。

帖木真说:"朋友,你留在这里,我去把那边的银灰色骗马赶出来。"孛斡儿出说:"我与你结伴同来,怎么好留在这里?"说罢,与帖木真一同骑着马进去,把那些银灰色骗马赶了出来。有许多人从后面陆续追来。有一个骑白马的人拿着套马杆子,一马当先追上来。孛斡儿出对帖木真说:"朋友,你把弓箭给我,我来射他！"

帖木真说："我怕你为我而受到伤害，我去射他吧。"说着，返身迎战。那个骑白马的人站住，把套马杆子一指，后面的同伴们陆续赶来。但那时太阳西坠，天色渐暗，后面的人都因天色已黑，逐渐站住不追了。

那夜兼程而行。经过三天三夜兼程而行，到了纳忽·伯颜家。帖木真说："朋友，如果没有你，我怎么能找回这些马？咱俩分吧，你说要几匹？"孛斡儿出说："我因为好友你追寻马，走来得很辛苦，我为帮助好友你，与你结伴同去追寻。我还要外财么？我父亲是有名的纳忽·伯颜(富翁)，纳忽·伯颜的独生儿子就是我。我父亲所积累的财产，尽够我用的。我不要。不然我的帮助算什么帮助呢？我不要！"

余大钧译注《蒙古秘史》河北人民出版社 2001 年 93-97 页

成吉思汗派弟弟到弘吉剌部

【题解】本文记载了铁木真派两个弟弟到未婚妻家聘来新娘时所说的话。

成吉思派合撒儿、别勒古台二人前往德·薛禅那里。"先前曾聘过德·薛禅的女儿，你们二人前去聘来！"这样派遣了。

乌云毕力格著《〈阿萨喇克其史〉研究》

中央民族大学出版社 2009 年 86 页

帖木真与孛斡儿出做伴

【题解】本文记载了铁木真邀请孛斡儿出前来做伴，以及孛斡儿出前来做伴一事。

搦坛回去之后，帖木真派别勒古台去请孛斡儿出来做伴。别勒古台一到，孛斡儿出连自己的父亲也没告诉，就骑上一匹拱背的甘草黄马，捎上自己的青色毛衫，和别勒古台一同来了。

这就是他前来做友伴的经过。

余大钧译注《蒙古秘史》河北人民出版社 2001 年 100 页

帖木真与王汗结盟

【题解】本文记载了铁木真为夺回被泰亦赤兀惕人带走的

帖木真全家从桑沽儿小河迁移到客鲁涟河源头的不儿吉·额儿吉(额儿吉为河岸、河湾之意)安营住下。孛儿帖夫人的母亲搠坛曾送来一件黑貂皮袄,做她的女儿初见公婆的礼物。帖木真说:"客列亦惕部的王汗以前曾和父汗也速该互相结为安答(义兄弟),因为和我的父亲互称安答,那么也就如同父亲了。"知道王汗住在土兀剌河的合剌屯(黑林)中,帖木真、合撒儿、别勒古台三个人就拿着那件黑貂皮袄前去。到了王汗那里,帖木真说:"您以前与我父亲结为安答,也就如同我的父亲。因此我把我妻子呈献给公婆的礼物带来呈献给您。"说着,就把黑貂皮袄献给了他。王汗很高兴地说:

> "我要为你把散失的百姓聚合起来,
>
> 答谢你送给我黑貂皮袄。
>
> 我要为你把散去的百姓聚集到一起,
>
> 答谢你献给我貂皮袄。
>
> 我要将此事牢记在心里。"

余大钧译注《蒙古秘史》河北人民出版社 2001 年 101 页

帖木真祭拜不儿罕·合勒敦山

帖木真想知道那三姓篾儿乞惕人是确实回了他们的家,还是仍然埋伏着,就派遣别勒古台、孛斡儿出、者勒篾三人,跟在篾儿乞惕人后面,探察了三天。

等到篾儿乞惕人远离之后,帖木真才从不儿罕山下来,捶着胸说道:

> "多亏豁阿黑臣大妈,
>
> 像黄鼠狼一样耳敏,
>
> 像银鼠一样眼明,
>
> 才使我得以躲避。
>
> 我骑着缰绳绊蹄的马,
>
> 踏着鹿走的小径,
>
> 登上不儿罕山,
>
> 用柳条搭起棚屋居住。
>
> 在不儿罕·合勒敦山上,

属民,前去王汗处送礼结盟时所说的话。

【题解】铁木真逃进不儿罕·合勒敦山,躲过三姓篾儿乞惕人的追讨后,为了感谢圣山的救命之恩,祭拜不儿罕·合勒敦山。这段文字记载了他当时所说的话。

躲避了我微如虱子的性命!

爱惜我仅有的性命,

骑着我仅有的马,

循着驯鹿走的小径,

登上合勒敦山,

用破开的柳条搭起棚屋居住。

合勒敦·不儿罕山,

庇护了我蝼蚁之命。

我惊惧惶恐已极!

对不儿罕·合勒敦山,

每天早晨要祭祀,

每天都要祝祷!

我的子子孙孙,

都要铭记不忘!"

说罢,面向太阳,把腰带挂在颈上,把帽子托在手里,以另一手捶胸,面对太阳跪拜九次,洒奠而祝祷。

余大钧译注《蒙古秘史》河北人民出版社 2001 年 111—112 页

帖木真向王汗求援

此后,帖木真、合撒儿、别勒古台三人,在客列亦惕部王汗脱斡邻勒住在土兀剌河的黑林中时,去到那里说:"三姓篾儿乞惕人突然来了,把我的妻子掳去了,我们来请汗父搭救我的妻子。"

余大钧译注《蒙古秘史》河北人民出版社 2001 年 115 页

帖木真向札木合求援

帖木真、合撒儿、别勒古台三人,离开脱斡邻勒汗,回到家里。帖木真派遣合撒儿、别勒古台二人到札木合那里去,对札木合安答(义兄弟)说:

"三姓篾儿乞惕人袭来,

把我的家洗劫一空!

咱们俩不是结拜兄弟吗?

怎样报我此仇?

我的心爱的妻子被夺走了!

咱们俩不是情同手足吗?

怎样雪我此恨?"

余大钧译注《蒙古秘史》河北人民出版社 2001 年 116 页

救出孛儿帖

夜里,篾儿乞惕百姓顺薛凉格河而下,慌忙地逃走。我们的军队在夜里紧跟着惊慌逃走的篾儿乞惕人,追上去掳掠。

帖木真在惊慌逃走的百姓中,喊叫道:"孛儿帖!孛儿帖!"他边走边喊,遇见了她。孛儿帖夫人在那些惊慌逃走的百姓中间,听到帖木真的喊声,就从车上下来,走上前去。孛儿帖夫人和豁阿黑臣两人虽在夜里,也认识帖木真的缰绳和辔,就上前捉住了他的马的缰、辔。那夜月光明亮,帖木真一看,见是孛儿帖夫人,就猛然扑过去与她互相拥抱起来。

帖木真当夜就派人去告诉脱斡邻勒汗、札木合安答两人说:"我要找的人已经找到了!夜间不必兼程行进,咱们就在这里驻营吧。"惊慌逃跑的篾儿乞惕百姓,夜里漫散而走,不知该逃往哪里去,也就地宿下了。这就是帖木真与孛儿帖夫人相遇,把她从篾儿乞惕部落中救出来的经过。

余大钧译注《蒙古秘史》河北人民出版社 2001 年 125 页

帖木真感谢脱斡邻勒和札木合

帖木真感谢脱斡邻勒汗、札木合两人,说道:

"由于得到我的汗父和札木合安答两人的协助,

靠天地给增添力量,

被有威势的苍天所眷顾,

被母亲大地所顾及,

【题解】本文记载了打散三姓篾儿乞惕,救出孛儿帖后,铁木真对脱斡邻勒王汗和札木合安答两人所说的话。

【题解】本文记载了在脱斡邻勒王汗和札木合安答两人的帮助下打败三姓篾儿乞惕,夺回孛儿帖后,铁木真对二人所说的感激之词。

我们已报男子汉之仇于篾儿乞惕百姓，

我们已把他们怀抱的心爱妻子夺取，

我们已把他们的肝破坏，

我们已洗劫了他们的家室，

我们已毁灭了他们的亲族，

我们把他们剩余的人也都俘虏了！"

　　大家都说："既然已经把篾儿乞惕部落摧毁了，咱们就撤兵吧。"

　　　　余大钧译注《蒙古秘史》河北人民出版社 2001 年 129 页

帖木真和札木合再次结为安答

　　帖木真、札木合二人，在豁儿豁纳黑草原上一同安营住下。他们想起以前他们俩结成安答的往事，又重申安答之谊说："咱俩要互相亲密友爱！"……帖木真、札木合说："听以前老人们说：'凡结为安答的，就是同一条性命，不得互相舍弃，要相依为命，互相救护。'互相亲密友爱的道理应当是那样的，如今咱俩重申安答之谊，咱俩要互相亲密友爱。"……

在豁儿豁纳黑草原上，

在忽勒答合儿山崖前，

在枝叶茂盛的大树下，

彼此互称安答，

互相亲密友爱，

举行盛宴相庆，

夜间同衾而眠。

　　　　余大钧译注《蒙古秘史》河北人民出版社 2001 年 132-134 页

【题解】本文记载了出征篾儿乞惕部，夺回孛儿帖后，铁木真、札木合二人再次结为安答时所说的话。

帖木真和札木合的决裂

　　帖木真对他母亲诃额仑说："札木合安答说：

'咱们靠近山扎营住下，适于牧马，

可以让咱们的牧马人到帐庐里休息。

【题解】铁木真和札木合再次结为安答，友好相处不久，两人关系破裂。此

咱们靠近涧水扎营住下，适于牧羊，

咱们的牧羊人、牧羊羔人，饮食方便。'

我不明白这话的意思，我什么也没回答他，所以来问母亲。"

诃额仑母亲没有作声，孛儿帖夫人说道："听人说札木合安答好喜新厌旧。如今到了厌烦咱们的时候了。刚才札木合安答所说的话，是要算计咱们的话。咱们别扎营住下，就乘迁移之际，与他善离善散吧，咱们连夜赶路吧！"

余大钧译注《蒙古秘史》河北人民出版社 2001 年 135—136 页

为二人分道扬镳时札木合对铁木真所说的暗语。

帖木真对豁儿赤的许诺

豁儿赤来说："我们是圣贤孛端察儿掳来的妇人所生的后代，我们与札木合是同生于一腹而异胞的后代，本不应该与札木合分离。但上天的神告降临于我，使我亲眼目睹了：有一头黄白色乳牛围绕着札木合走，撞了他的房车，又撞札木合，撞折了一只角，成了斜角，就扬起尘土，向札木合连声吼叫：'还我角来！'又有一头无角的黄白色公牛驮着、拉着大帐房的下桩，从帖木真后面循着大车路而来，吼叫说：'天地商量好，让帖木真当国主，我把国家载来了！'这是上天的神指示我，使我亲眼目睹到的。帖木真，我向你预报了吉兆，如果你做了国主，你让我怎样享乐呢？"

帖木真说："如果我真那样掌管了国家，我就让你做万户长。"豁儿赤说："我告诉你许多道理，只让我做个万户长，有什么享乐！封我做万户长，还得从国内美好的女子中，由我任意挑选三十人为妻，还有，不论我说什么话，你都要听我的。"

余大钧译注《蒙古秘史》河北人民出版社 2001 年 145 页

【题解】铁木真和札木合两人关系破裂后，众多氏族部落前来追随铁木真。豁儿赤看出当时的局势，用萨满教信仰表达了当时的政治动向，深得铁木真的赞许，此为二人当时的对话。

成吉思汗委派官员

成吉思汗命忽必来、赤勒古台、合儿孩·脱忽剌温三人与合撒儿一同佩刀，说：

【题解】铁木真与札木合分手后，蒙古部氏族部落贵族前米追随他，并推举他为蒙古部可汗。本文记载了铁木真当可汗，组建斡耳朵、任命官员时下达的命令。

"你们要斩断逞强者的颈，

　刺穿逞勇者的胸。"

成吉思汗说："别勒古台、合刺勒歹·脱忽刺温两人掌管骟马，做掌管骟马者。"又对泰亦赤兀惕氏的忽图、抹里赤、木勒合勒忽三个人说："你们放牧马群。"对阿儿孩·合撒儿、塔孩、速客该、察兀儿罕四人说：

"你们充当我的射远程的远箭，

　射近程的近箭吧！"

……

成吉思汗做了汗之后，对孛斡儿出、者勒篾两人说：

"你们两人，

在我除影子外别无友伴之时，

来做我的影子，

使我心安！

我把你们牢记在心里！

你们两人，

在我除尾巴外别无鞭子之时，

来做我的尾巴，

使我心安！

我把你们铭刻在心中！"

又说：

"你们两人最早就在我这里，

怎么不能做这所有的人的首长！"

成吉思汗又对众人说："蒙天地的赞助、佑护，你们心里想念我而离开札木合来做我友伴的人，不都成了我的有吉庆的老友伴吗？所以给你们每个人都委派了各自的职务。"

余大钧译注《蒙古秘史》河北人民出版社 2001 年 152—154 页

邀照烈部同猎

【题解】十三翼之战后，铁木真善待

当是时，诸部之中，唯泰赤乌地广民众，号为最强。其族照烈部,与帝所居相近。帝尝出猎,偶与照烈猎骑相属。帝谓之曰:"今夕可同宿乎?"照烈曰:"同宿固所愿,但从者四百,因糇粮不具,已遣半还矣,今将奈何?"帝固邀与宿,凡其留者,悉饮食之。明日再合围,帝使左右驱兽向照烈,照烈得多获以归。其众感之,私相语曰:"泰赤乌与我虽兄弟,常攘我车马,夺我饮食,无人君之度。有人君之度者,其惟铁木真太子乎?"照烈之长玉律,时为泰赤乌所虐,不能堪,遂与塔海答鲁领所部来归,将杀泰赤乌以自效。帝曰:"我方熟寐,幸汝觉我,自今车辙人迹之途,当尽夺以与汝矣。"已而二人不能践其言,复叛去。塔海答鲁至中路,为泰赤乌部人所杀,照烈部遂亡。

《元史·太祖纪》中华书局 1976 年 4 页

泰赤乌部一支照烈部,并给予帮助。照烈部最终信任并归附了铁木真。此为铁木真对照烈部归附前后所说的话。

玉律把阿秃儿与塔海－答鲁
率照烈惕部归附成吉思汗

玉律把阿秃儿便同塔海－答鲁以及与他们有血亲关系并挨着住在一起的照烈惕部落来到了成吉思汗处,对他说道:"我们就像成了没有丈夫的妻子,没有主的马群,没有牧人的畜群!长母的儿子们正在毁灭我们!为了你的友谊,让我们一起用剑去作战,去歼灭你的敌人!"成吉思汗回答玉律把阿秃儿说:"我象个睡着的人,你拉扯我的额发唤醒了我!我坐着动弹不得,你从重负下拉出了我,使我能够站立起来。我要尽力来报答你!"然后他安慰了他,给予许多鼓励。

拉施特《史集》第一卷第二分册余大钧、周建奇译
商务印书馆 1992 年 116 页

【题解】十三翼之战后,铁木真善待泰赤乌部一支照烈惕部,给予帮助,从而得到照烈惕部的信任。此为玉律把阿秃儿与塔海－答鲁率众投靠铁木真时,他们所说的话。

成吉思汗与主儿勤部首领在斡难河树林宴饮

别勒古台虽被砍伤了,却满不在乎,不加理会,流着血走来。成吉思汗坐在树荫下筵席中,看见了他,就出来说:"咱们为什么要被伤害成这个样子?"别勒古台说:"我没伤着。不要为了我,造成兄弟之间失和。我不要紧的,我还好。兄弟们刚刚

【题解】铁木真与札木合在答阑·巴勒主惕之野交战后,铁木真与主儿勤部首领在斡难河树林宴

饮,此为别勒古台被主儿勤部人砍伤后,铁木真与别勒古台之间的交谈。

【题解】铁木真为了乘金朝攻打塔塔儿部之机,与王汗脱斡邻勒一同出兵夹击塔塔儿部,此为他派使者对王汗所说的话。

【题解】本文记载了铁木真消灭主儿勤部时所说的话。

相熟,哥哥且住手,算了吧!"

余大钧译注《蒙古秘史》河北人民出版社 2001 年 166 页

成吉思汗邀王汗夹击塔塔儿部

成吉思汗说:"从前,塔塔儿人是杀害祖先们和父亲的仇敌,如今乘着这个机会咱们去夹攻他们!"说罢,派遣使者到脱斡邻勒汗处去说:"听说金朝皇帝的王京丞相溯浯勒札河而上,攻打塔塔儿人篾古真·薛兀勒图等来了。我们要去夹攻那杀害我们的父祖的塔塔儿人!请脱斡邻勒汗父快来吧!"

余大钧译注《蒙古秘史》河北人民出版社 2001 年 169 页

灭主儿勤部

成吉思汗、脱斡邻勒汗二人,派人去对薛扯·别乞、泰出等主儿勤人说:"从前塔塔儿人杀害了咱们的父祖,如今咱们乘此机会一同出兵去夹攻他们吧!"

……

成吉思汗听到报告后,大怒,他说:"我们为什么要这样地被主儿勤人加害呢?在斡难河树林里宴会时,他们打了司膳失乞兀儿,又砍伤了别勒古台的肩膀。因为他们说要议和,我们就把豁里真·合屯、忽兀儿臣两人交还给了他们。其后,要一同出兵,夹攻以前杀害我们的父祖、有怨仇的塔塔儿人,等候了六天,也没有把主儿勤人等来。如今他们又向敌人靠拢,这就成了我们的敌人!"说罢,成吉思汗上马出征主儿勤人。

主儿勤人当时正在客鲁涟河的阔朵额·阿剌勒的朵罗安·孛勒答兀惕地方,我们的军队掳掠了他们的百姓。薛扯·别乞、泰出两人只带着少数人逃走。我们的军队随后追赶,在帖列兀山口追上他们,擒获了薛扯·别乞、泰出两人。两人被擒获后,成吉思汗对薛扯、泰出说:"以前咱们互相说过些什么话?"薛扯、泰出两人说："我们没有履行誓约，就按照我们所立誓约处决我们吧！"

余大钧译注《蒙古秘史》河北人民出版社 2001 年 169—174 页

杀死不里·孛阔

有一天，成吉思汗说："我们让不里·孛阔、别勒古台两人比赛摔跤吧。"

余大钧译注《蒙古秘史》河北人民出版社 2001 年 180 页

【题解】此为消灭主儿勤部后，铁木真用摔跤之计，杀死主儿勤部不里·孛阔时所说的话。

者勒篾救成吉思汗

成吉思汗在那次厮杀中，颈脉受伤，流血不止。慌乱中太阳落山，就地与敌方对峙着扎营住下。

者勒篾不停地用嘴吸吮成吉思汗颈部的淤血，他的嘴染满了血。者勒篾不敢依靠别人，他坐守在成吉思汗身旁，一直到半夜。他嘴里吸的淤血满嘴都是，咽下去了一部分，吐掉了一部分。

过了半夜，成吉思汗清醒过来说："我的血干涸了，我渴极了！"于是，者勒篾把帽、靴、衣服都脱去，只穿着内裤，跑进对峙的敌营里，爬到敌营百姓的车上，寻找马奶，却没有找到，因为慌忙逃难的百姓们顾不上挤马奶，把母马都放出去了。他没有找到马奶，后来从一辆车上找到一大桶奶酪，就把这桶奶酪带了回来。来去之间，没有被任何人看见。这真是上天的佑护！

把那桶奶酪带回来后，者勒篾又去找来水，把奶酪放在水中间调和好，给成吉思汗喝。成吉思汗喝一会儿，歇一会儿再喝，歇了三次才喝完，他说："我心里畅亮了，眼睛明亮了！"说着，坐了起来。这时天已大亮，成吉思汗发现他坐处的周围地上，布满了者勒篾吸吮吐出的淤血与泥混合成的泥血浆，便说："这是怎么啦？为什么不吐得远一些呢？"者勒篾说："您正在危急中，我不敢远离您。忙得我把吸吮的淤血咽的咽了，就地吐的吐了。在慌忙中我的肚子里咽进了许多。"成吉思汗又说："我已经躺

【题解】阔亦田之战中铁木真受伤昏迷，此为者勒篾冒着生命危险救铁木真之命后，铁木真对者勒篾所说的感激之词。

在地上起不来,你为什么赤身跑入敌营? 如果你被擒,不会把我这个情形说出来吧!"者勒篾说:"当时我想:我赤身跑入敌营,如果被擒,我就对他们说:'我打算来投降你们,但是被别人发觉了,把我抓起来,要杀我,把我衣服剥光了,只剩下一条内裤没脱,我突然挣脱了他逃了出来,便这样赤身赶紧来投奔你们。'他们一定会信以为真,会给我衣服穿,好好待我。只要骑上马,我就可以伺机跑回来。我急于解除您干渴之苦,所以不顾一切地闯入敌营,当时我就是这么想的。"成吉思汗降旨道:"现在我没有什么可说的了。以前三姓篾儿乞惕人袭来,围绕着不儿罕山搜索我三遍时,你曾救过我一次性命。现在你用嘴吸吮淤血,又救了我的性命。我干渴烦躁,你不顾一切地舍命闯入敌营,取来奶酪,调水供我饮用,又救了我的性命。你这三次救命之恩,我将牢记在心中。"

余大钧译注《蒙古秘史》河北人民出版社 2001 年 191—192 页

锁儿罕·失剌与者别归附成吉思汗

天亮之后,相峙着住宿的敌军已经在夜里溃散。扎营住下的大部分百姓自知逃不掉我军的追索,没有离开宿营地逃走。

成吉思汗想去招回慌忙逃走的一部分百姓,从其住宿地骑上马,边走边招呼慌忙逃走的那些百姓回来时,山岭上有一个红衣妇人,边哭边大声呼唤道:"帖木真! 帖木真啊!"成吉思汗听见了,就派人去问:"是什么人的女人,为什么这样呼唤?"派去的那人去问时,那妇人说:"我是锁儿罕·失剌的女儿,名叫合答安。这里的军人们捉住了我的丈夫,要杀他。我想让帖木真救我的丈夫,所以边哭边呼唤帖木真。"派去的那人回来,把她的话禀告了成吉思汗。成吉思汗听说后,骑上马前去,下马和合答安相抱为礼。但在此之前,她的丈夫已经被我军杀死了。

把那些慌忙逃走的百姓招呼回来之后,成吉思汗的大军就在那里扎营宿下。成吉思汗把合答安请来,请她坐在他的旁边。

第二天,泰亦赤兀惕氏贵族脱朵格的属民锁儿罕·失剌、者

【题解】阔亦田之战后,泰亦赤兀惕氏贵族脱朵格的属民锁儿罕·失剌、者别两人来归附铁木真。这段文字记载了当时他们之间的谈话。

别两人来了。成吉思汗对锁儿罕·失剌说：

> "卸下我颈上沉重木枷，
>
> 抛在地上；
>
> 把我衣领上枷木，
>
> 卸去撇开。
>
> 你们父子有大恩于我，
>
> 为什么这么晚才来呢？"

锁儿罕·失剌说："我心里自有把握。忙什么？如果忙着早来，泰亦赤兀惕氏那颜(统治贵族、领主)们一定会把我留下在家里的妻子、儿女、马群、食物，像扬灰般地毁灭掉，所以我没有忙着早来。如今我们赶来，与我们的大汗会合在一起了。"

成吉思汗听他说完这些后，说："你说得有理。"成吉思汗又说："在阔亦田地方对阵作战时，从山岭上射来一支箭，射断了我的战马白嘴黄马的颈脊的人是谁？"者别听了说：

> "从山上射箭的人是我。
>
> 现在大汗若赐我死，
>
> 只不过溅污了一掌之地。
>
> 但若蒙大汗恩赦，
>
> 我愿在大汗面前，
>
> 去横断深水，
>
> 冲碎明石，
>
> 到指派的地方去冲碎青石，
>
> 到奉命进攻的地方去冲碎黑石。"

成吉思汗说："凡是与人敌对，对于自己所杀和所敌对的事，就要隐身、讳言。这个人却把所杀和所敌对的事，不加隐讳地告诉我。这是个可做友伴的人。他原名叫只儿豁阿歹，因为射断了我的战马白嘴黄马的颈脊，就给他起名为'者别'，让他为我们作战，称他为者别。可降旨，命他跟随在我身边。"

这就是者别从泰亦赤兀惕部前来，与成吉思汗做友伴的经过。

余大钧译注《蒙古秘史》河北人民出版社 2001 年 193—195 页

【题解】本文记载了阔亦田之战后，失儿古额秃老人与儿子阿剌黑、纳牙阿投奔铁木真时的交谈。这段谈话表述了铁木真的政治伦理观。

失儿古额秃与儿子阿剌黑和纳牙阿投奔成吉思汗

纳牙阿说："如果咱们把这个塔儿忽台捉住送去，成吉思汗认为我们是对自己的正主、自己的君主下了手而来的，他将说：'对自己的正主下了手而来的，怎么能是可依靠的人呢？这些人怎么能做我们的友伴呢？把这些不能做友伴，而且对正主、君主下了手的人斩了吧！'这样，咱们不就被斩了吗？咱们不如把塔儿忽台释放了，去见他说：'我们来为成吉思汗效力。我们曾把塔儿忽台捉来，但舍不得自己的正主、君主，怎能看着他被处死呢？就把他放走了。我们诚心诚意地来为您效力。'"

纳牙阿的父、兄都赞成他的话，就在忽都忽勒·讷兀惕地方，把塔儿忽台·乞邻勒秃黑放走了。失儿古额秃和他的儿子阿剌黑、纳牙阿一同来到时，成吉思汗问他们是怎么来的？失儿古额秃老人对成吉思汗说："我们捉住塔儿忽台·乞邻勒秃黑前来时，不忍看着自己的正主、君主被处死，舍不得他，就把他放走了。我们是来为成吉思汗效力的。"

成吉思汗说："如果你们对自己的君主塔儿忽台·乞邻勒秃黑下了手，把他捉来，我就要族诛你们这些对自己的正主、君主下手的人！你们有不忍背弃自己的正主、君主之心，这就对了！"因此，对纳牙阿加以恩赐。

余大钧译注《蒙古秘史》河北人民出版社 2001 年 201—202 页

【题解】17—18 世纪蒙古文史书收录的铁木真与泰亦赤兀惕族鏖战的历史事件。这段记载充满了英雄史诗色彩，但比较真实客

成吉思可汗和他六个将军与泰亦赤兀惕族鏖战的英雄史诗

有洪福的成吉思可汗在边境上扎营，带了九个将军去查看敌情，主公降上谕说："不知道究竟从那一个方面将有敌人来袭？我的九位将军，你们分成三班吧！"于是就按照上谕，者勒蔑、搠·蔑儿坚、失吉·忽秃忽三人成为一班。孛斡儿出，孛罗忽勒，木华黎三人成为一班。速勒都思氏的锁儿罕·失剌，别速

惕氏的者别,斡亦剌惕族的合剌·乞鲁,三个人成为一班,在营中留守。可汗就领着六个将军前去侦察情况。经过察合来汗山后面,快走到札剌蛮汗山的时候,有(一只)带斑点大角野山羊从可汗前面跑过来。可汗就放开(所骑的)铁青马疾奔,从后边追上前去。拉圆了弓,拿金叉箭立即(把它)射死了。六个将军们就下了马,要把它拴在马鞍子后面驮走,可汗说:"你们把它剥了皮,用火烤烤。我到失剌 – 苔卜桑山上去看看。"可汗上了失剌 – 苔卜桑山去瞭望,忽然瞌睡,就把马鞭子支在那铁青马的鬃颈上,睡了一下。在恍惚之间做了一个梦。可汗就降上谕给他六个将军说:

"我这个梦,

叫我的心硼硼跳,

我的肋骨都发抖!

在三个山冈那边的失剌 – 苔卜桑山上,

立起了三面黑色大纛旗,

我遇见了三百名顽强的劲敌!

他们的先锋骑着枣骝白鼻梁的战马,

战马头上套的是金光灿烂的銮辔,

战马胸前挂的是洁白发亮的缨络。

少壮的战士,

留着连鬓短密的黑胡须,

穿着全身的红铠甲。

我看了他一眼,

光芒刺目,好像针尖;

缠绕紧凑,好像线团!

假如我做的梦属实,

我这六位将军们,你们将要怎么办呢?"

失吉·忽秃忽说:

"我能瞭望遥远的地方,

我去看看他们是不是蒙古人,

观地反映了当时的萨满教宗教思想和政冶宗教观。

查查他们是不是蔑儿乞惕人，

认辨他们是不是泰亦赤兀惕人。"

者勒蔑说：

"人生有死，何必为几头家畜劳神！

阻于横索，就手持环刀杀进去；

直向前进，把一条大路砍出来！

我去把那三个手持黑色纛旗的，一个个砍死；

杀上前去，把他们的纛旗俘掳过来！

跑到山顶，把他们的纛旗倒插下来；

我要把像大海一般的圆阵给你拉紧！"

搠·蔑儿坚说：

"我虽然懦弱，却能突然走脱，

你们管辖我，责难我，使唤我，

我也要去一趟回来，

绝不能丢掉我主命令我做事的好机会！"

孛斡儿出说：

"迎战由前面杀出的人；

阻挡由后边袭来的敌人！

保卫你那畏惧中的性命；

绝不离开我主的黄金统驭！"

孛罗忽勒说：

"有箭射来，我当盾牌；

箭声啾啾，我当遮护；

不使敌箭，中我主的金躯！"

木华黎说：

"把你的众敌人给压制住；

把你的战利品给掳获来！

要从我们的马尾骑起云雾；

要从我们的马鬃升出太阳！

杀得敌人，战马失途；

尽忠效力,不避艰苦!"

可汗听了六位将军们的话,赶紧吃了一些烤好的野山羊肉,就叫失吉·忽秃忽骑上自己的淡黄马,说:"在这二个山岗的那边,就是失剌－莟卜桑山,你去照我的梦查看来!"说着就叫他走了。

失吉·忽秃忽,骑上那淡黄马,放开了步,拉紧了缰,跑到失剌－莟卜桑山上,猛然一看,那持有三面黑纛的敌人已经逼近了。他们一直把失吉·忽秃忽追赶到可汗所在的地方。主上问失吉·忽秃忽说:"怎么样?"失吉·忽秃忽说:"到了失剌－莟卜桑山上,刚一看,就不料有三百个敌人突然来袭。

是不是泰亦赤兀惕人,不及认辨;

是不是篾儿乞惕人,不及查看;

是不是蒙古人,也不及看清;

我赶紧向后看了一眼,果真与可汗所梦见的一般!

如果是篾儿乞惕人,必是那尚未知名的勇士;

如果是蒙古人,必是那勇不可当的勇士;

看来好像是泰亦赤兀惕人,他们紧紧的逼上来了!"

于是那六个大臣立刻整备战马,此时敌人已经迫近,字斡儿出骑上了他的白战马追上前去,问:"你们是什么人?我们是正主可汗的部属!你们若是讲礼节的人,赶快讲明你们的道理。如果有姓有名,报上名来!"他们说:"我们还会有什么响亮的名字,赶快交战!"字斡儿出压着阵,呵责他们说:"那话对你们不适合。有什么本领,我们可以在太阳西斜以前较量一番!"那边的敌人说:"我们没有什么响亮的名字,我们是捉鱼的是捉土拨鼠的!"

失吉·忽秃忽说:"向他们有什么好问的!他们就是顽敌泰亦赤兀惕人。杀进去吧!"

(于是字罗忽勒下了马,拿下棕色马鞯,拿起他的盾牌,毫不顾忌的站在可汗的前面。)

者勒蔑拿着刀,冲进了横在面前的敌阵里,砍出一条血路,杀进阵去,把那拿着三面黑旗的人,一个一个的砍死,抢过来他们的军旗,跑到高处,把军旗头向下倒插起来。果然拉稳了海洋般的大圆阵。

搠·篾儿坚这时候已经逃走了,孛斡儿出正在向前冲杀,一回头看见了搠·篾儿坚就喊着说:"喂!搠·篾儿坚站住!在咱们主人面前,就这样效力吗?你怎么能像刚出洞的松鼠一样逃跑呢?"搠·篾儿坚转过来笑着说:"我主啊!我还没有插上箭头呢。主上,从你的箭筒里给我些吧!"可汗就从他金箭囊中,抽出朱红色的箭给了他。搠·篾儿坚就挟在胁下,疾驰向前,用力拉满了弓,把可汗所指给他的,不曾错过一个,全给射死了。

> 射中那敏捷的颔下咽喉,叫他翻滚落马;
> 射中那矫健的头盔鄂纽,叫他身受重伤。

追上前去把那匹枣骝白鼻梁的战马夺来,叫可汗骑上。可汗一骑果然是个如飞似风的快马,可汗也笑了。

交绥的敌人已经穷促了;冲杀的敌人只剩了一半。正在这个时候,孛罗忽勒的头忽然被流矢所中,坠下马来。他站起来之后,用手摸着头,用弓支着脸,拿着盾牌慢慢的走。孛斡儿出向前冲杀,回头看见了,他就说:"喂!孛罗忽勒!男子汉是一箭就能射倒的吗?你怎么能像犄角挨了打的山羊羔一般,脆弱的倒了下去呢?在主人的前面就这样效力么?"孛罗忽勒听了这话,就从左边翻上马去,拿起盾牌,不顾一切的冲入阵中。

那时候已经把敌人杀得拖着尸体转身逃跑。可汗降圣旨说:"把败退的敌人怎么办呢?"孛斡儿出说:"俗语说:'拿福分来送成佛的善人,拿利箭来送败退的敌人。'追吧!"可汗同意他的话,就去追赶。追到察亦秃-察罕平原,就像狼进羊群似的砍死一百名敌人。有二百名逃出去了,掳获战马百匹,铠甲五十具。

> 木华黎紧紧的追赶敌人;
> 不断的掳获战利品。
> 叫战马的鬃上升出太阳;
> 叫战马的尾巴腾起云雾。

　　杀得敌方战马迷途；

　　尽力效忠不避艰苦！

　这次战役,连一根已断的线头,一把已折的匙子,都没有损失。平平安安将要回家的时候,可汗说:"叩谢在上的天父吧!"就上了山岗,展开鞍鞯,把衣带挂在颈项上,祝祷说:

　　"我并非靠我体力过人做了国主；

　　我是靠着我父上天的恩命才当的。

　　我不是靠我贤明异常做了可汗；

　　我是靠着皇天我父的恩命才当的。

　　上天给我制服了外族敌人!"

　这样说着就拜谢上天,出发的时候,可汗依次夸奖他的六个将军。首先夸奖失吉·忽秃忽说:

　　"给我辨认泰亦赤兀惕人,

　　察出篾儿乞惕人,

　　看清蒙古人的,

　　是我塔塔儿的失吉·忽秃忽。"

　夸奖者勒蔑说:

　　"猎狡兽,你当燻烟；

　　临强敌,你做先锋。

　　没有战马,你给找来坐骑；

　　喉咙干渴,你给拿来乳酪。

　　宵旰勤劳不息,

　　赤胆忠心不变。

　　在众人以前首先出力的,

　　是我兀良合族的好者勒蔑!"

　夸奖搠·蔑儿坚说:

　　"按我旨意所指示的,

　　你不丢掉任何机会。

　　射穿敏捷人的咽喉,

　　射穿矫健人的盔纽。

把交绥的敌人杀成残兵的，

把冲杀的敌人杀成半数的，

是我主儿乞惕的搠·蔑儿坚。"

夸奖孛罗忽勒说：

"敌矢飞来，你做盾牌，

箭声啾啾，你做掩护。

头部虽受箭伤，

仍能不失鞍鞯。

不惊不慌，

无所畏惧。

这是我古申族的好孛罗忽勒。"

夸奖木华黎说：

"急追众敌的，

掳获战利品的，

叫马鬃上升出太阳的，

叫马尾上吐入云雾的，

使敌人战马迷途的，

使我军平安凯旋的，

是我札剌亦儿族的好木华黎。"

夸奖孛斡儿出说：

"在寻找八匹银合马的时候，

在太阳才射出晨光的时候，

相逢以来，

终生效力的，

是纳忽·伯颜的儿子，我的俊杰，好孛斡儿出！

与邻人往来，性情驯顺，好像一只花牛犊，

和敌人厮杀，向不顾及自己性命身体的，

是我的俊杰孛斡儿出。

与人交友，性情驯顺，好像一只黑牛犊，

一遇外敌，就像猛鹰飞奔冲进的，

是我的俊杰孛斡儿出。

互相谈笑,性情驯顺,好像一只全黑的牛犊,

遇见劲敌,就像猛鹰突入飞出的,

是我的俊杰孛斡儿出。

游玩嬉笑,性情驯顺,好像刚出生的小马驹,

四面冲杀,就像海青冲袭而下的,

是我的俊杰孛斡儿出。

遭遇强敌,

绝不回顾;

侍奉可汗,

毫无隐讳;

且有良谋善策的,

是我的俊杰孛斡儿出!"

可汗把他的六名将军夸奖完毕,继续前进,在可汗的前边,孛斡儿出骑着他的白战马,拖着他的朱红箭,一边放开马小跑,一边唱歌赞美可汗,说道:

"父亲是也速该勇士,

母亲是诃额仑夫人,

有九个英勇的臣佐,

统御五色四邻诸国,

是我主,有洪福的成吉思可汗。

母亲是诃额仑夫人,

儿子是斡歌歹,拖雷,

有非凡杰出的子嗣,

把仇敌踩在脚下的,

是我主,有洪福的成吉思可汗。

只要有洪福的可汗永在,

我们自身有何挂虑!

只要与可汗同行，

外邦众敌有何可惧！

不要像天鹅的雏儿踌躇不决；

不要被虚伪恶人的谎话欺骗！

不要像鸳鸯的雏儿畏缩闭眼；

临敌厮杀不要吝惜性命身体！"

这就是俊杰孛儿斡出所唱的歌词。

有洪福的成吉思可汗，和他六个将军，七个人，前去打败了旧日的仇敌，三百名泰亦乞兀惕人，平安归来。把所掳敌方战马二十五匹，铠甲十五具，献给母亲诃额仑夫人。在那以后，就安安定定、快快乐乐的住了下去。

札奇斯钦著《蒙古黄金史译注》23-36 页

成吉思汗在答阑·捏木儿格思颁布军令

【题解】本文记载了 1202 年秋，在答阑·捏木儿格思与塔塔儿部交战前，铁木真宣布的军令。

度过了那年冬天，狗儿年（壬戌，1202 年）秋天，成吉思汗在答阑·捏木儿格思地方与察合安·塔塔儿、阿勒赤·塔塔儿、都塔兀惕·塔塔儿、阿鲁孩·塔塔儿这些塔塔儿部落交战前，议定军令宣布说："战胜敌人时，不可贪财。战胜了敌人，那些财物都是我们的，我们共同分配。如果被敌人打退，退到最初冲出去的原阵地，就要反攻；退到最初冲出去的原阵地，而不反攻者，处斩！"

余大钧译注《蒙古秘史》河北人民出版社 2001 年 209 页

取消别勒古台参加大议的资格

【题解】战胜塔塔儿部后，由于别勒古台疏忽大意，泄露秘密，使铁木真的军队蒙受损失。答里台在交战中擅自抢夺

歼灭、俘虏了塔塔儿人后，为了怎样处理该部落的百姓，成吉思汗把自己的亲族召集到帐房里举行大议，共同商议。大家商议道："以前，塔塔儿人杀害了我们的祖先和父辈，我们要为祖先和父辈报仇雪恨，把凡比车辖高的人全部杀光！剩下的，分给各家做奴婢。"大家商议定了后，就从帐房出来。

……

成吉思汗降旨道："由于别勒古台泄露了我们亲族进行大议所议定的事，造成我军很大伤亡；今后举行大议时，不准别勒古台参加。会议时，别勒古台在外面整治、审判斗殴、盗窃、欺骗等案件。会议完毕，喝盏之后，别勒古台和答里台两人才可以进来。"

余大钧译注《蒙古秘史》河北人民出版社 2001 年 211-212 页

财物违反军令。文中记录了铁木真处罚别勒古台和答里台两人时说的话以及处罚规定。

成吉思汗娶也速干和也遂为妃

【题解】本文记载了答阑·捏木儿格思之战后，铁木真娶也速干和也遂为妃时的言论。

成吉思汗娶塔塔儿人也客·扯连的女儿也速干为妃（合敦）。因受宠爱，也速干·合敦说："把我当普通人对待也好，甚至当牲畜对待也好，都是大汗对我的恩典。我有个姊姊名叫也遂，比我强，更配得上大汗。她刚有了夫婿，但如今在这离乱中不知她到哪里去了。"成吉思汗听了她的话后，说道："如果你姊姊比你还要好，我就派人去寻找。你姊姊来了，你能让位给她吗？"也速干·合敦说："若蒙大汗恩典，只要能见到我姊姊，我就让位给她。"

成吉思汗听了她的话后，便传旨派人去寻找。当时也遂和她的夫婿一同走在森林中，遇见了我们的军队，她的丈夫逃走了，她就被我军从那里带来了。也速干·合敦见她的姊姊来了，就履行前言，站起来，把自己的座位让给她姊姊，自己坐在下边。也遂正如也速干·合敦所说的一样，比也速干还要美，成吉思汗对她很中意，遂娶她为妃（合敦），让她坐在后妃座位上。

俘虏、杀戮了塔塔儿百姓之后，有一天，成吉思汗坐在外面，坐在也遂·合敦、也速干·合敦两人中间同饮时，也遂·合敦长叹了一声。成吉思汗心有所疑，就把字斡儿出、木合黎等那颜叫来，降旨道："你们把所有这些聚会的人，都按各自的部落站立，从自己人当中把别的部落的人孤立出来。"于是，各按各自的部落站立，只有一个苗条的年轻人孤立在各部落之外。问他说："你是什么人？"那个人说："我是塔塔儿人也客·扯连的名叫也遂的女儿所嫁的夫婿。塔塔儿人被敌人俘虏时,我害怕而逃走了。以为如今已经安定了,我就来了。我想在这么许多人中间,怎会被认出来呢?"这话被奏禀于成吉思汗。成吉思汗降旨道:"这个人还想造反,来做强盗,如今在窥伺什么?像他这样比车辖高的人,都杀掉了。还迟疑什么?把他杀了,抛弃在看不到的地方!"于是,立即把他杀了。

余大钧译注《蒙古秘史》河北人民出版社 2001 年 213-215 页

王汗在战场撇弃成吉思汗

成吉思汗那夜宿在那里,第二天早晨天亮时想要作战,一看王汗的宿营地空无所有。成吉思汗说:"这些人把我们当作祭祀亡灵时的'烧饭'撇弃了!"说罢,就从那里迁移,渡过额垤儿河、阿勒台河的别勒赤儿(两河会流处),继续行进,到达撒阿里原野住下。从那里,成吉思汗、合撒儿两人了解了乃蛮部的大概情形,就不把他们放在眼里了。

余大钧译注《蒙古秘史》河北人民出版社 2001 年 224 页

名马"只乞 – 不列"

出征时孛斡儿出那颜向成吉思汗禀告道:"我没有快马",便要了成吉思汗的一匹名叫"只乞 – 不列"的名马。成吉思汗将这匹马交给他时说:"当你想让它奔驰起来时,可用鞭子抚一下它的鬃毛,但不可用鞭子抽打它!"

拉施特《史集》第一卷第二分册余大钧、周建奇译
商务印书馆 1992 年 154 页

孛斡儿出的礼物

孛斡儿出在怯薛队中,佩带着成吉思汗的箭筒,他向成吉思汗禀告道:"王汗请我去!"成吉思汗说道:"去吧!"孛斡儿出

【题解】为刺探乃蛮部虚实,铁木真与王汗于 1199 年远征阿尔泰山,远征途中王汗听信谗言,将铁木真撇弃在了战场上。此为铁木真发现被撇弃后的一句话。

【题解】1199 年与乃蛮部交战前,王汗撇弃铁木真,在返回途中被乃蛮部追击,无奈向铁木真求援。此为铁木真派孛斡儿出前去救援王汗时的谈话。

【题解】1199 年王汗被孛斡儿出等人救出后,给孛斡儿

那颜解下箭筒交给另一个人后，便走了。

王汗给他穿上外衣，赐给他十个金"满忽儿"碗。孛斡儿出拿了这些碗后，到成吉思汗处向他表示奴隶般的顺从。他屈膝将碗拿给成吉思汗看，向他禀告道："我有罪！"成吉思汗问道："为什么？"孛斡儿出禀道："因为我扔下了成吉思汗的箭筒，却为了这些东西到王汗处去了。如果在我轮值的班次上出了问题，有人袭击了你，罪过就在于我！"成吉思汗嘉许了他说的这些话，对他开恩说道："将这些碗拿去吧，这是你的！"

拉施特《史集》第一卷第二分册余大钧、周建奇译

商务印书馆 1992 年 155 页

王汗与帖木真结为父子

王汗又说："我的安答（义兄弟）也速该·把阿秃儿曾一度救出我的失去的百姓还给了我，如今帖木真儿子又救出我的失去的百姓还给了我。这父子两人把我失去的百姓收集起来给了我，他们收集百姓是为谁辛苦啊！

我如今老了，

我老了，要登上高山死去了。

我死了，就埋葬在山崖上，

由谁来管理全部百姓？

我的弟弟没有品德，我虽有独子桑昆，但如同没有一样。让帖木真儿子做桑昆的哥哥，我有了两个儿子，就安心了。"于是，王汗与成吉思汗相会于土兀剌河的黑林中，互相结为父子。他们互相结为父子的缘故，是因为以前也速该汗父曾与王汗结为安答（义兄弟），王汗就如同帖木真的父亲一样，因此结为父子。王汗、帖木真两人互订誓约说：

"征讨众多敌人时，

咱俩在一起一同发兵出征；

围猎野兽时，

咱俩也在一起同去围猎。"

出送礼以示答谢。此为授受礼物之后，铁木真与孛斡儿出之间的谈话。

【题解】1199年远征乃蛮部后，王汗为了谢恩，同时为了克烈部的安全，与铁木真结为父子，进一步密切了关系。本文记载了王汗的想法和王汗与铁木真结为父子时的誓言。

成吉思汗、王汗两人又互订誓约说：

"今后咱俩若遭人嫉妒，

若被有牙的蛇挑唆，

咱俩莫受挑唆，

要用牙用嘴互相说清，

彼此信任。

若被有牙的蛇离间，

咱俩莫被离间，

要用口用舌互相对证，

彼此信任。"

这样地约定后，就互相亲睦地相处。

余大钧译注《蒙古秘史》河北人民出版社 2001 年 228－229 页

成吉思汗以马瘦为由未赴宴

【题解】王汗等人为了加害铁木真,诱骗其前来定亲宴,蒙力克别乞－额赤格怀疑王汗等人的诚意,劝铁木真不要赴宴。铁木真听从劝说,派使者前去,自己返回了营地。

早晨，他同蒙力克别乞－额赤格商议后，(没有继续前行)，他派人去答复说："我们的马消瘦了，要将它喂肥，我们派一个人来筹办此事，并吃定亲筵席吧！"接着成吉思汗遣回了使者，并回到了自己家里。

拉施特《史集》第一卷第二分册余大钧、周建奇译

商务印书馆 1992 年 168－169 页

问畏答儿不随兄去之由

【题解】成吉思汗看到畏答儿的忠诚,更其名为薛禅,并约为安答。畏答儿即《蒙古秘史》所记忙兀惕忽亦勒答儿薛禅。

畏答儿，忙兀人。与兄畏翼俱事太祖。时大畴强盛，畏翼率其属归之，畏答儿力止之，不听，追之，又不肯还，畏答儿乃还事太祖。太祖曰："汝兄既去，汝独留此何为？"畏答儿无以自明，取矢折而誓曰："所不终事主者，有如此矢。"太祖察其诚，更名为薛禅，约为按达。

《元史·畏答儿传》中华书局 1976 年 2987 页

主儿扯歹当先锋

成吉思汗听到他说的这些话之后,说道:"兀鲁兀惕氏的主儿扯歹伯父,你有什么话要说?你来当先锋吧!"

余大钧译注《蒙古秘史》河北人民出版社 2001 年 247 页

成吉思汗当心斡阔歹

停留下来宿了一夜,天明时点视人马,不见了斡阔歹、孛罗忽勒、孛斡儿出三个人。成吉思汗说:"斡阔歹与可信赖的孛斡儿出、孛罗忽勒两人一同落伍了,他们是无论生、死都不会相离的。"我军夜间把军马抓起拴好,然后宿下。

成吉思汗说:"如果敌军从咱们的后边追袭来,就与他们厮杀!"这样通知下去,作了应战部署,驻扎宿下。天亮时看到从后边来了一个人,来到时乃是孛斡儿出。孛斡儿出来到后,成吉思汗把他召来,捶着胸说:"长生天知道!"

……

成吉思汗听了孛罗忽勒的话后,说道:"敌人如果来了,就厮杀!他们如果躲走了,咱们就整顿我军,准备厮杀!"

余大钧译注《蒙古秘史》河北人民出版社 2001 年 249-250 页

班朱尼河盟誓

札八儿火者,赛夷人。赛夷,西域部之族长也,因以为氏。火者,其官称也。……太祖与克烈汪罕有隙。一夕,汪罕潜兵来,仓卒不为备,众军大溃。太祖遽引去,从行者仅十九人,札八儿与焉。至班朱尼河,糗粮俱尽,荒远无所得食。会一野马北来,诸王哈札儿射之,殪。遂刳革为釜,出火于石,汲河火煮而啖之。太祖举手仰天而誓曰:"使我克定大业,当与诸人同甘苦,苟渝此言,有如河水。"将士莫不感泣。

《元史·札八儿火者传》中华书局 1976 年 2960 页

【题解】哈阑真沙陀之战中，铁木真的军队被王汗击溃，在撤退途中收降翁吉剌惕部时铁木真所说的话。

收降翁吉剌惕部

成吉思汗知道在合勒合河注入捕鱼儿海子的地方，住着帖儿格·阿篾勒等翁吉剌惕人，就派遣主儿扯歹率领兀鲁兀惕部人前去，派遣他去时说："翁吉剌惕部人如果说'我们自古以来就靠外孙女的容貌，靠姑娘的容貌，而不争夺国土'就收降他们。如果他们反抗，就攻打他们。"说罢，就派遣他前去了。

余大钧译注《蒙古秘史》河北人民出版社 2001 年 255 页

成吉思汗谴责王汗等人

成吉思汗派遣阿儿孩·合撒儿、速客该·者温两人为使者，去对王汗传话说："我们在统格小河的东边住下了，这里水草丰美，我们的马吃肥了。

我的汗父啊！

为什么要生气，

让我害怕！

若要责怪我们，

为什么不让你不肖的儿子，

不肖的儿媳，

睡足了后再责怪？

为什么弄塌我们平坦的床，

弄散我家炉灶上升的烟，

恐吓我们。

我的汗父啊，

莫非你从旁受了别人的刺激，

莫非你受到外人横加挑拨？

我的汗父啊，

咱俩是怎样说定的？

在勺儿合剌忽山的忽剌阿讷兀惕·孛勒答兀惕时，

咱俩不曾一起说过：

【题解】哈阑真沙陀之战后，铁木真撤退至统格小河，遣使到王汗处，一一指出自己的功劳和王汗的背信弃义的行径，同时批评了札木合、阿勒坛、忽察儿等人的卑劣行径。

'若被有牙的蛇挑唆，

咱俩莫受挑唆，

要用牙用嘴互相说清，

彼此信任'？

如今我的汗父啊，

你是经过口齿对证，

才和我分离吗？

咱俩不曾一起说过：

'若被有牙的蛇离间，

咱俩莫被离间，

要用口用舌互相对证，

彼此信任'？

如今我的汗父啊，

你是经过口舌对证，

才和我分离吗？

我的汗父啊，

我的部众虽少，在你艰难时，

没有使你求助于部众多的，

我虽不好，

没有使你求援于那些好人。

有两条辕的车，

如果第二条辕折断，

牛就不能向前拉，

我不曾是你的第二条辕吗？

有两个轮子的车，

如果第二个轮子折断，

车就不能移动，

我不曾是你的第二个轮子吗？

　　说起往昔啊！在你的汗父忽察儿忽思·不亦鲁黑汗死后，因你是他四十个儿子的长兄，立你为汗。你做了汗，杀死了你的弟弟台帖木儿太师、不花·帖木儿两人。你弟弟额儿客·合剌也将要被杀时,逃命出走,投奔了乃蛮部亦难察·必勒格汗。你叔父占儿汗说你残杀诸弟,前来攻打你。你只带着一百个人逃命,顺薛凉格河而下,钻进了合剌温山峡谷。从那里出来时,你把你的女儿忽札兀儿夫人献给篾儿乞惕部的脱黑脱阿以求亲睦,才得从山峡里出来,到了我父汗也速该处。你在那里对我父汗说:'请你为我救出被叔父古儿汗夺走的部众。'我父汗也速该,因你前来求援,为要替你救回你的部众,就从泰亦赤兀惕部中率领忽难、巴合只两人,整治军队前去,把正在忽儿班·帖列速惕地方的古儿汗和他的二三十个人,赶入合申(西夏),救出你的部众,交给了你。从那里回来,我的汗父你和也速该汗在土兀剌河的黑林中结为安答(义兄弟)。那时,我的汗父王汗你曾感谢地说:'上天,大地佑护、垂鉴! 我要为你的恩德,报答你的子子孙孙!'

其后,额儿客·合剌从乃蛮部亦难察·必勒格汗处请来军队,前来攻打你。你抛下部众逃命,带着少数人逃出,投奔合剌契丹(西辽)的古儿汗,到了垂河的回回(撒儿答兀勒)地区。不到一年,你又背叛古儿汗出走,经过畏兀儿、唐兀惕(西夏)诸地回来时,穷困得挤五只山羊的奶、刺骆驼血为饮食,只有一匹瞎眼、黑鬃的黄马骑着回来。我获悉汗父你如此穷困潦倒地回来,念及你以前与我父汗也速该有结为安答之谊,就派遣塔孩、速客该二人为使者去迎接你,我还亲自从客鲁涟河的不儿吉·额儿吉地方去迎接你,在古泄兀儿海子边与你相遇。因你穷困潦倒而来,我向部众征收实物税(忽卜赤儿)给你。又因你以前曾与我父结为安答,依礼咱俩又在土兀剌河的黑林中结为父子,我称你为父的道理不是那样吗?

那年冬天,我请你住在我的营地(古列延)上,供养你。住过了冬天,又住过夏天。到了秋天,去攻打篾儿乞惕部脱黑脱阿·别乞,在合迪黑里黑山岭的木鲁彻·薛兀勒地方厮杀,把脱黑脱阿·别乞赶到巴儿忽真·脱古木去了。掳掠了篾儿乞惕百姓,把获得的许多马群、宫帐(斡儿朵·格儿)、谷物(塔里牙惕),我都给了汗父你。我没有让你的饥饿挨过中午,没有让你消瘦过半个月。

后来,咱们俩把古出古惕·乃蛮部的不亦鲁黑汗从兀鲁黑·塔黑山的莎豁黑河,赶过了阿勒台山,顺着兀泷古河而下追赶,在乞湿勒巴失湖边把他打垮了。

咱们俩从那里回来时,乃蛮部可克薛兀·撒卜剌黑在拜答剌黑·别勒赤儿地方整治军队,与咱们对阵。因天色已晚,约定明天早晨厮杀,遂整治军队宿下。我的汗父啊,你在你的宿营地点燃火堆,夜里溯合剌·泄兀勒河而上撤走了。第二天早晨,我们一看,你们的宿营地已空无一人。迫于你的行动,我说:'这些人把我们当作祭祀亡灵的'烧饭'撇弃了!'我们也撤走了,渡过额迭儿河、阿勒台河的别勒赤儿(两河会流处),来到撒阿里草原扎营住下。

可克薛兀·撒卜剌黑追袭你,把桑昆的妻子、儿女、百姓、人口都掳了去。汗父你在帖列格秃山口的百姓、马群、食物的一半也被他掳了去。被你俘虏的篾儿乞惕部脱黑脱阿的两个儿子忽都、赤剌温乘机带着他们的百姓、人口,逃往巴儿忽真·脱古木去和他们的父亲会合。那时,我的父汗你,派人来说:'我的百姓、人口被乃蛮部可克薛兀·撒卜剌黑掳去了,请我儿把你的四杰派来吧。'我不像你那样地想,立即派遣了孛斡儿出、木合黎、孛罗忽勒、赤剌温·把阿秃儿我这四杰整治军队前去。

在我这四杰到达之前,桑昆在忽剌安·忽惕地方与敌对阵,他所骑马的腿被射伤,他将要被擒时,我的这四杰赶到,救了桑昆,连他的妻子、儿女、百姓、人口都救出来还给了他。那时我的汗父你,曾感激地说:'多亏我儿帖木真派遣他的四杰来救回了我失去的百姓!'如今,我的汗父啊!我有什么过错,你要怪罪我呢?请派使者来说明怪罪的理由吧!请派忽巴里·忽里、亦都儿坚两人前来,不能派这两人来时,就派第二人来吧。"

王汗听了这些话后,说:"唉,我老糊涂了!我没有与我儿帖木真分裂的道理,我不该做与我儿帖木真分裂的事!唉,我心里难受已极!"

他发誓说:"今后我如果见到我儿再生恶念,就像这样出血而死!"说着,就用剜箭扣的刀子,刺破他的小指,把流出的血,盛在一个小桦木桶里,对阿儿孩、速客该两使者说:"去交给我儿帖木真!"说罢,就让两使者回去了。

成吉思汗又说:"去对札木合安答说:'你见不得我在汗父处,你离间了我与汗父!以前咱俩曾约定:谁先起床,就用汗父的青杯喝马奶子,我起得早喝了,你就嫉妒。如今你可以用汗父的青杯畅饮了,你又能喝多少呢?'"

成吉思汗又说:"去对阿勒坛、忽察儿两人说:'你们俩背弃了我。你们想公开背弃,还是想暗中背弃?忽察儿,因你是捏坤太师的儿子,我们让你做汗,你不肯做。阿勒坛,因你父忽图刺汗掌管过国家,我们劝你继承父业为汗,你也不肯。薛扯、泰出两人,是上辈把儿坛·把阿秀儿的子孙,我劝说他们俩做汗,他们也不肯。我劝说你们做汗,你们都不肯做。你们都让我做汗,我这才做了。如果你们做了汗,派我去做先锋,袭击众敌,得天佑护,掳掠敌人,我就把美貌的姑娘、妇人、贵妇,后跨好的骟马,给你们拿来。如果让我去围猎野兽,我就为你们把山峰上的野兽围得前腿挨着前腿,把山崖上的野兽围得后腿挨着后腿,把旷野上的野兽围得肚皮挨着肚皮。如今你们好好地与我汗父做伴吧,别让人家说你们有始无终,别让人家说你们只不过倚仗着'察兀惕·忽里'(帖木真)。可别让外人占据三河之源安营啊!'"

成吉思汗又说:"去对脱斡邻勒弟说:'称你为弟的缘故是:以前屯必乃、察剌孩·领忽两人俘虏来一个奴隶斡黑答。奴隶斡黑答的儿子是奴隶速别该。奴隶速别该的儿子是阔阔出·乞儿撒安。阔阔出·乞儿撒安的儿子是也该·晃塔合儿。也该·晃塔合儿的儿子就是你脱斡邻勒。如今你要想把谁的百姓拿去送人,巴结人家!我的百姓不会让阿勒坛、忽察儿两人任何一人掌管的。称你为弟的缘故是:

你是我高祖门限里的奴隶,

你是我曾祖门限里的私属奴隶!

这就是我派人要告诉你的话!'"

成吉思汗又说:"去对桑昆安答(义兄弟)说:'我是汗父的生而有衣服的儿子,你是汗父的赤裸着身子生下的儿子。咱们的汗父把咱们俩同样看作儿子。由于桑昆安答你,怕我介入你们父子之间,就嫉恨我,把我赶走了。如今你不要让汗父忧心,早晚出入,要宽慰他。你放不下旧日的私心,难道在汗父在世时就想做汗吗?不要让汗父心里难受,不要与汗父分了彼此!'"

又说:"桑昆安答向我派遣使者来时,可派遣必勒格·别乞,脱朵延这两个友伴来。"

又说:"向我派遣使者来时,汗父派两个使者来,桑昆安答也派两个使者来,札木合安答也派两个使者来,阿勒坛也派两个使者来,忽察儿也派两个使者来,阿赤黑·失仑也派两个使者来,合赤温也派两个使者来。"

说罢,就派遣阿儿孩·合撒儿、速客该·者温两人去传达这些话。桑昆听了向他传达的话后,说:"他几时称呼过汗父,不是称做老屠夫吗? 他几时叫过我安答,不是把我说成是跟在脱黑脱阿巫师屁股后面走的回回羊的尾巴吗? 我懂得他说的这些话的用意。这是厮杀之前要说的话! 必勒格·别乞、脱朵延两人,把战旗树起来,喂肥战马! 不必犹豫不决了!"

阿儿孩·合撒儿从王汗处回去时,速客该·者温因妻子、儿女在脱斡邻勒处,不敢回去,遂让阿儿孩走了,自己留在那里。阿儿孩·合撒儿回来后,把这些话都对成吉思汗说了。

余大钧译注《蒙古秘史》河北人民出版社 2001 年 256—268 页

遣阿里海致责汪罕

汪罕既败而归,帝亦将兵还至董哥泽驻军,遣阿里海致责于汪罕曰:"君为叔父菊儿罕所逐,困迫来归,我父即攻菊儿罕,败之于河西,其土地人民尽收与君,此大有功于君一也。君为乃蛮所攻，西奔日没处。君弟札阿绀孛在金境，我亟遣人召还。比至，又为蔑里乞部人所逼，我请我兄薛彻别及及我弟大丑往杀之。此大有功于君二也。君困迫来归时，我过哈丁里，历掠诸部羊、马、资财，尽以奉君，不半月间，令君饥者饱，瘠者肥。此大有功于君三也。君不告我往掠蔑里乞部，大获而还，未尝以毫发分我，我不以为意。及君为乃蛮所倾覆，我遣四将夺还尔民人，重立尔国家，此大有功于君四也。我征朵鲁班、塔塔儿、哈答斤、散只兀、弘吉剌五部，如海东鹭禽之于鹅雁，见无不获，获则必致于君，此大有功于君五也。是五者皆有明验，君不报我则已，今乃易恩为仇，而遽加兵于我哉？"汪罕闻之，语亦剌合曰："我向者之言何如？吾儿宜识之。"亦剌合曰："事势至今日，必不可已，唯有竭力战斗。我胜则并彼，彼胜则并我耳。多言何为？"

《元史·太祖纪》中华书局 1976 年 10 页

遣阿里海谕按弹与火察儿

时帝诸族按弹、火察儿皆在汪罕左右。帝因遣阿里海诮责汪罕，就令告之曰："昔者吾国无主，以薛彻、太丑二人实我伯祖八剌哈之裔，欲立之。二人既已固辞，乃以汝火察儿为伯父聂坤之子，又欲立之，汝又固辞。然事不可中辍，复以汝按弹为我祖忽都剌之子，又欲立之，汝又固辞。于是汝等推戴吾为之主，初岂我之本心哉，不自意相迫至于如此也。三河，祖宗肇基之地，毋为他人所有。汝善事汪罕，汪罕性无常，遇我尚如此，况汝辈乎？我今去矣，我今去矣！"按弹等无一言。

《元史·太祖纪》中华书局 1976 年 10—11 页

成吉思汗遣使王汗等人

成吉思汗派遣亦勒都儿勤部人阿儿孩－者温到王汗处去当使者，让他去对王汗说："现在我们驻扎在董哥泽和脱儿合－豁罗罕边，这里草儿长得好，喂肥了我们的骟马。如今，我的汗父啊，[想一想]过去你的叔父古儿汗对你说的话吧！他说：'你没有为我留下我哥哥不亦鲁黑汗的地方，你杀死了我的两个兄弟：台－帖木儿太师和不花－帖木儿！'当时他因而把你逼走了，将你赶到了合剌温－合卜察勒，围住了你，你从那里逃出来时只带了几个人——[那时]难道不是我的父亲[从那里]将你救出来的吗？[后来]他又同你一起去远征。"

"难道不是有两个泰亦赤兀惕部人，一个名叫兀都儿－忽难，另一个名叫巴合只带着你同几个人一起动身？从那里出来后，他们经过名叫合剌不花的地方和草原，通过秃烈坛－秃零－古惕地方，行经秃烈坛－秃零－古惕地方、合卜察勒高地，到了古泄兀儿海子地方。那时[我的父亲]在忽儿班－帖列速惕地方找到了你的叔父古儿汗，从那里追赶他，击溃了他，他只带着二三十人逃出来。[古儿汗]逃到了河西地区，从那时起就再也没有从那里出来露过面。这样，我的仁慈的父亲从古儿汗处夺回王位，交给了你。因此你才和我父亲结成兄弟，我也就称你为汗父。这是我对你的第一个恩德！"

"还有，我的汗父啊，你的部属躲到云端里去了，散失在太阳落山的地方，散失在乞台的札兀忽惕地区中间了。我大声呼喊札阿－绀孛义兄弟，脱帽、挥手招呼。这样我才把札阿－绀孛义兄弟带了出来，当我带他出来时，敌人为了复仇设下了埋伏。篾儿乞惕部军队又追赶了札阿－绀孛义兄弟。我宽洪大量地[又]救了他，怎么可以[谋]害从札忽惕[地区]，即从乞台地区救出札阿－绀孛义兄弟，还从篾儿乞惕人手中救了[他]的那个人呢？我为你杀死了我的哥哥，干掉了我的弟弟。如果要问他们是谁？薛扯别乞是我的哥哥，泰出－忽里是我的弟弟。这是我对你的第二个恩德！"

"还有，我的汗父啊，你像是冲破乌云的太阳来到了我那里，你像是逐渐冒出来的火苗来到我那里。我没有让你挨过半天饿，我让你吃得饱饱的，我没有让你赤身裸体过一个月，我遮蔽了你的全身！如果[有人]问：'这是什么意思呢？'——我是说，在合迪黑里黑山地方，也就是长白杨树的地方，在山后木里彻黑－

背信弃义的行径，同时批评了札木合、阿勒坛、忽察儿等人的卑劣行径。

薛兀勒地方，我进行厮杀，掠夺了篾儿乞惕部，夺取了他们的全部马群、畜群、帐幕、斡耳朵和好衣服，[全部]给了你。我确实做到，没有让你挨过一天饿，没有让你赤身裸体过一个月——这是我对你的第三个恩德！"

"当篾儿乞惕部还在不兀剌原野上的时候，我们派出急使到脱黑台别乞处去探听情况。由于时机有利，你没有等我就出兵了。你赶在我前头，在那里俘获了脱黑台别乞的妻子、兄弟。你娶了忽秃黑台哈敦和察剌温哈敦，带走了脱黑台的兄弟忽都和他的儿子赤剌温。你将兀都亦惕－篾儿乞惕部的兀鲁思全部侵占，什么也没给我。接着，当我们去征讨乃蛮人时，我们在拜答剌黑－别勒只儿地方，面对他们摆开队伍时，被你擒获后屈服于你的忽都和赤剌温，又带着军队和全部什物逃跑了，同时可克薛兀－撒卜剌黑统率着乃蛮军队来了，把[你的]兀鲁思洗劫一空，这时我派出孛斡儿出、木华黎、孛罗忽勒、赤老温四人，将你的兀鲁思[从敌人处]夺回交还给了你。这是我[对你]的第四个恩德！"

"还有，我们从那里一起来到勺儿合勒－崑山旁，忽兰－必勒塔－秃兀惕所在的合剌河畔地方，在那里订立了盟约，我说，如果有牙和舌的蛇用牙和舌伸到我们中间时，只要我们还能用嘴和牙说话，我们彼此决不分离，这也就是说，当有人在我们之间说一些有意、无意的话，在我们没有碰头商量加以证实以前，我们不要信以为真，我们不要变心，彼此决不分离。现在，我们没有碰头商量，也没有将有人故意在我们中间制造的话查问一下，你就信以为真，拿它作为根据离开了[我]。"

"还有，我的汗父啊，后来我像鹰一般地向赤兀儿忽－蛮山飞去，飞过捕鱼儿海子，为你抓住了灰腿的鹤。如果你要问：'那是谁呢？'——那就是朵儿边部和塔塔儿部！我再次变为宽胸的鹰，飞过阔连海子，为你抓住了灰腿鹳，交给了[你]。如果你要问：'那又是谁呢？'——那是合塔斤部、撒勒只兀惕部与弘吉剌惕部。现在这些部落却被你用来吓唬我了。这是我对你的另一个恩德。"

"还有,我的汗父啊,你对我有过什么恩德呢,我从你得过什么好处呢? 我对你有这么些恩德,曾多次施惠于你。我的汗父啊,你为什么要吓唬我,你为什么不过自由安宁的日子? 你为什么不让你的儿子、儿媳酣睡? 我,你的儿子,从来也没说过:我所分得的份子太少,想要多一些,或者嫌它不好,想要好一些! 大车的两个轮子有一个折断时,就再也不能[乘坐它]游牧了。套车的犍牛劳累了,如果赶车的人只有一个,把犍牛解开,放去吃草时,贼人就会偷走。如果赶车人不把犍牛解开,老[套在]车上,犍牛就会消瘦、倒毙。大车的两个轮子如果折断了一个,犍牛想拉也拉不动。如果犍牛过于使劲,就会损伤自己的颈项,以致精力耗尽再也不能拉车了。"

"我就好比是你的大车上的两个轮子中的一个!"

成吉思汗又特地派人去对阿勒坛和忽察儿说:"你们俩想杀我,想将我扔到黑暗的国土上或埋到地下!""以前,我首先对把儿坛把阿秃儿的子孙薛扯和泰出说道:我们斡难河营地上怎能没有君主呢? 我竭力[劝][你们]说:'你们来当君主和可汗吧!'你们不同意,我没有办法。我对你忽察儿说:'你是捏坤太师的儿子,当我们的汗吧!'你推辞了。我对你阿勒坛说:'你是忽图剌合罕的儿子,他曾登临大位,现在你还来当君主吧!'你也推辞了。当时你们坚持对我说:'你来当汗!'——我照着你们说的当了汗,并说:'我决不让祖居沦丧,决不允许破坏他们的规矩、习惯! 我一旦当了君主,并统率许多地区的军队时,一定要关怀[我的]部下,夺来许多马群、畜群、游牧营地、妇女、儿童给你们。我将为你们点火烧草原上的野兽,将山地的野兽赶到你们方面来。[如今]你们俩,阿勒坛和忽察儿,不得让任何人屯驻在三河地区。"

成吉思汗还让人去对脱斡里勒说:"吾弟脱斡里勒啊,你是我祖先门前的奴隶,我是在这个意义上称你为弟,因为察剌合-领昆和屯必乃合罕两人抢来了你父亲的祖父那黑塔-亭斡勒。

那黑塔 – 宇斡勒的儿子为速该 – 宇斡勒,速该 – 宇斡勒的儿子为阔阔出 – 乞儿撒,阔阔出 – 乞儿撒的儿子为撒亦合 – 晃塔儿,撒亦合 – 晃塔儿的儿子就是 [你] 脱斡里勒。你想抢夺谁的兀鲁思?如果你也抢夺我的兀鲁思,阿勒坛和忽察儿俩不会 [将它] 给你的,不会允许你享用 [它] 的。每个起得早的人,都喝了汗父青锺里的 [酸马奶]。你们以为我大清早起得比大家晚,没有喝到嘴,因为大家都嫉妒 [我]。如今你们 [喝] 干了汗 [父] 青锺里的酸马奶。脱斡里勒啊,你也喝吧,能喝多少就喝多少吧!"

"如今,阿勒坛与忽察儿,你们俩尽心为 [汗] 父效劳吧。不要说 : 以前的 [种种] 事情,都是仗着札兀惕 – 忽里干出来的。不要到你们落空的时候才想起我。我的汗父性情喜怒无常。如果像我这样的人让他厌烦了,你们不久也会使他厌烦的。因为你们现在在他那里,将要 [同他一起] 度过今年,将 [同] 他度过就要来到的冬天。"

"还有,我的汗父啊,派遣使者来吧,最好将阿勒坛 – 阿傃黑和忽勒巴里两人或其中一人派来。在作战的那天,那里遗留下木华黎把阿秃儿的一头配有鞍子和银马勒的黑马,你让他们也带来吧。让鲜昆义兄弟将必勒格别乞和脱端两人或其中一人派来吧。让札木合也派两个使者来。让出剌和合赤温俩,阿赤黑和失伦俩,阿剌 – 不花和带亦儿俩,阿勒坛和忽察儿俩都派遣使者来吧。这些使者都来了,如果我朝上走,就让他们到河的上游捕鱼儿海子旁来找我吧,如果我朝下走,向合巴合儿 – 合勒塔儿罕走去,驻扎在三河,让 [他们] 到那里去找我吧!"

拉施特《史集》第一卷第二分册余大钧、周建奇译

商务印书馆 1992 年 173–180 页

【题解】哈阑真沙陀之战后,铁木真撤退至统格小河,遣使到王汗处,——

成吉思汗谴责汪可汗等人

上遣使阿里海致责于汪可汗曰我今大军驻董哥泽间草盛马肥与父汪可汗言之昔汝叔父菊儿可汗尝谓汝我兄忽儿札忽思杯禄可汗之位不我与自夺之汝又杀诸昆弟诈言太帖木儿太石不花

帖木儿辈不知所存是故菊律可汗逼汝哈剌温之隘汝穷迫无计仅以百骑来归我先君

我先君率兵偕汝以雪前耻而泰赤兀部兀都儿吾难八哈只二人助兵几许不可知其时道经哈剌不花山谷之上又出阿不札不花哥兀之山又逾秃烈坛秃零古盏速坛盏零古阙群隘曲笑儿泽跋涉重险始至其境适值彼凶年得穷其国菊儿可汗闻之避我于答剌速野我又逼之仅以数十骑遁走河西之国不复返矣我先君尽以土地人民归于汝由是结为按答我因尊汝为父此我有造于汝一也

又曰父汪可汗汝其时如埋云中如没日底汝弟札阿绀孛居汉塞之间我发声轰轰以呼之举帽隐隐而招之彼其闻我呼见我招远来投归我乃登山而望倚庐而待其至又为三部蔑力乞所逼我以其远来肯令死之也所以告杀兄诛弟此谓谁薛彻别吉我兄太丑乞鲁为我弟是我有造于汝二也

又曰父汪可汗汝既出云中显日底来归于我使汝饥不过日午赢不过月望所以然者何哉我昔与兀都夷部战于哈丁黑山之西木那义笑力之野多获孳畜辎重悉以与汝饥不过日午赢不过月望者实此之由也是我有造于汝三也

又曰父汪可汗曩汝征灭里乞陈于不剌川遣使觇侯部长脱脱不待阵而先战获忽都台察鲁浑二哈敦因招其二子火都赤剌温尽收兀都夷部汝以怀此衅故我秋豪不及又汝与乃蛮战于拜塔剌边只儿之野时火都赤剌温合部叛归汝又为曲薛兀撒八剌追袭掠汝人民使来告我我遣四将领兵战败之尽归所掠于汝是我有造于汝四也

又曰昔我出哈儿哈山谷与君忽剌阿班答兀卓儿完忽奴之山相见时于时不已言乎譬如毒蛇之牙所伤勿以动念吾二人唇齿相见始可间离汝今以蛇伤而间我乎唇齿相见而离我乎父汪可汗我时又如青鸡海鹘自赤忽儿黑山飞越于杯儿之泽搦斑脚鸽以归君此谓谁哈答斤散只兀弘吉剌诸部是也汝岂非假彼诸部之力而惊畏我耶是我有造于汝五也

又曰父汪可汗汝何尝有造于我我造汝者凡若此与其惊畏我

指出自己的功劳和王汗的背信弃义的行径，同时批评了札木合、阿勒坛、忽察儿等人的卑劣行径。

何不使我众炀爨不息安榻而卧使我痴子痴妇得宁寝乎我犹汝子势虽寡弱不使汝有慕于他众也我虽愚不使汝有慕于他贤也譬如双轮去一不能行也徒使牛汗纵之恐盗系之实饿又如双辕偶断其一牛愤破领徒使跳跃不能前也以我方车独非一轮一辕乎凡此谕汪可汗也

时上族人火察儿按弹在汪可汗军中上因使谓之曰汝二人欲杀我将弃之乎瘗之乎吾尝谓上辈八儿哈拔都二子薛彻大丑讵可使斡难河之地无主累让为君而不听也

又谓火察儿曰以汝捏群大石之子吾族中当立汝又不听

又谓按弹曰汝为忽都剌可汗之子以而父尝为可汗推位汝又不听我悉曾让汝等不我听我之立实汝等推也吾所以不辞者不欲使蒿莱生久居之地断木植通车之途吾夙心也假汝等为君吾当前锋俘获辎重亦归汝也使我从诸君畋我亦将驱兽迫崖使汝得从便射也

又谓按弹火察儿曰三河之源祖宗实兴毋令他人居之

又谓脱怜曰吾弟我以汝是高祖家奴曾祖阉仆故尊汝为弟也汝祖塔塔乃吾祖察剌合令忽统必乃二君所掳塔塔生雪也哥雪也哥生阔阔出黑儿思安阔阔出黑儿思安生折该晃脱合儿折该晃脱合儿生汝,汝世为奴虏谁之国土汝可取之纵得我国按弹火察儿必不与也昔我等居汪可汗所早起我得饮王青锺马乳汝辈起知我先饮而妒之耶我今去矣汝辈恣饭之吾弟脱怜量汝能费几何也

又谓按弹火察儿曰汝善事吾父汪可汗勿使疑汝为察兀忽鲁之族而累汝即汪可汗交人易厌于我尚尔况汝辈乎纵然今夏岂能到来冬矣

又谓我父汪可汗曰可遣按敦阿述运八力二人来报否则遣一人日者吾军麾下忙纳儿拔都失破银鞍黑马在王所就持来鲜昆按答汝亦遣必力哥别吉脱端二人来否则遣一人札木合按答暨阿赤失兰阿剌不花带亦儿火察儿按摊各遣二人来如我东向可于纳儿脱怜呼陈辎兀之源来会如我西向可出哈八剌汉答儿哈之山顺忽

儿班不花诸思河来会也

王国维《圣武亲征录校注》38—47 页

成吉思汗探寻王汗住处

合撒儿来了，成吉思汗很高兴，遂与他商议向王汗派遣使者。于是派遣沼兀里耶惕氏人合里兀答儿、兀良合惕氏人察忽儿罕两人前去，用合撒儿的口气去对汗父说：

> "遥望我哥哥，
>
> 看不见他的形影；
>
> 踏着他的踪迹走，
>
> 找不到他的道路。
>
> 我又喊又叫，
>
> 他听不到我的声音。
>
> 我披星而宿，
>
> 枕土而眠。
>
> 我的妻子、儿子都在父汗处，
>
> 若蒙父汗信任，我就到父汗处来。"

成吉思汗又对合里兀答儿、察兀儿罕二人说："我们随即出动，到客鲁涟河的阿儿合勒·苟吉去，你们回来时就到那里会合。"

如此约定好后，就让合里兀答儿、察兀儿罕两人前去了。成吉思汗命主儿扯歹、阿儿孩两人为先锋先出发，他随即率领部众从巴勒渚纳湖一同上马出发，进向客鲁涟河的阿儿合勒·苟吉地方。

余大钧译注《蒙古秘史》河北人民出版社 2001 年 272—273 页

王汗使臣亦秃儿坚被杀

成吉思汗不和亦秃儿坚说话，只说道："带去给合撒儿，由合撒儿发落！"押送去后，合撒儿也没和亦秃儿坚说话，把他就地处斩后抛弃了。

余大钧译注《蒙古秘史》河北人民出版社 2001 年 275 页

【题解】哈阑真沙陀之战后，铁木真采取哈撒儿投奔王汗的计谋，刺探王汗的驻营地。

【题解】本文记载了哈阑真沙陀之战后，处决王汗派往哈撒儿的使者时铁木真所说的话。

【题解】本文记载了将者折额儿·温都儿儿山的折儿山峡战役中舍命保护王汗的合答黑·把阿秃儿和一百个只儿斤部人赐给哈阑真沙陀之战中充当先锋的忽亦勒答儿·薛禅的妻子和子女之事成吉思汗所下的谕旨。

抚恤忽亦勒答儿妻儿

合答黑·把阿秃儿前来投降,他说:"我厮杀了三夜三天。我怎能眼看着自己的正主、可汗被人捉去杀死呢? 我不忍舍弃他。为了使他能有远离而去保全性命的机会,我厮杀着。如今,叫我死,我就死! 若蒙成吉思汗恩赦,我愿为您效力。"成吉思汗嘉许了合答黑·把阿秃儿的话,降旨道:"不忍舍弃正主、可汗,为了让他远离而去保全性命而厮杀的,岂不是大丈夫吗? 这是可以做友伴的人。"遂恩赐不杀。为了忽亦勒答儿捐躯战场,成吉思汗降恩旨说:"让合答黑·把阿秃儿和一百个只儿斤部人为忽亦勒答儿的妻子、儿子们效劳,如果生下男儿,要世世代代为忽亦勒答儿的子子孙孙效劳。如果生下女儿,他们的父母不能随意把她嫁出,应由忽亦勒答儿的妻子、儿子们在身前、身后使唤。"为了忽亦勒答儿·薛禅首先开口请战的缘故,成吉思汗降恩旨说:"为了忽亦勒答儿的功勋,忽亦勒答儿的子子孙孙,可享受孤儿抚恤恩典。"

余大钧译注《蒙古秘史》河北人民出版社 2001 年 277-278 页

【题解】1203 年灭克烈部后,铁木真娶札合·敢不女儿为妃,恩赐札合·敢不保全其私属百姓。

恩赐札合·敢不

王汗的弟弟札合·敢不有两个女儿。成吉思汗降旨,自己娶了他的长女亦巴合·别吉,次女莎儿合黑塔泥·别吉嫁给了拖雷。因此恩赐札合·敢不得保全其私属百姓,不被掳掠,并称他为成吉思汗的第二条车辕。

余大钧译注《蒙古秘史》河北人民出版社 2001 年 281 页

【题解】在 1203 年哈阑真沙陀之战中,巴歹、乞失里黑两人对铁木真有救命之恩,因此铁木真赐给

恩赐巴歹和乞失里黑

成吉思汗又降旨说:"因为巴歹、乞失里黑两人有功,把王汗的全副金撒帐、金酒局、器皿,连同管理人员,都赐给他们俩。让客列亦惕部汪豁只惕氏人做他们的护卫(客失克田)。让他们俩佩带弓箭,宴会时喝盏,自由自在享乐直到子子孙孙。进攻众

敌,获得财物,可随得随取。杀获野兽,可随杀随取。"

成吉思汗又降旨说:"因为巴歹、乞失里黑两人,对我有救命之恩,蒙长生天佑护,征服了客列亦惕百姓,我登临高位。今后,我的子子孙孙,凡是继承我的大位的人,要世世代代想到他们的大恩。"

余大钧译注《蒙古秘史》河北人民出版社 2001 年 282 页

杀阔阔出恩赐其妻

成吉思汗降旨道:"可恩赐其妻。而马夫阔阔出这样地遗弃其正主、汗前来,这样的人如今能给谁做伴,谁敢信任?"

余大钧译注《蒙古秘史》河北人民出版社 2001 年 285 页

编千户设怯薛及委派官员

成吉思汗同意别勒古台那颜说的这番话,遂停止围猎,从阿卜只合·阔帖格儿起营,到合勒合河的斡儿·讷兀地方的客勒帖该·合答(斜峰、半山崖)驻下,点数自己的人马。每一千人,组成一个千户(千人队),委派了千户长、百户长、十户长。又在那里委派了朵歹·扯儿必、多豁勒忽·扯儿必、斡格列·扯儿必、脱仑·扯儿必、不察阑·扯儿必、雪亦客秃·扯儿必等六名扯儿必。

编组了千户、百户、十户之后,又设置了八十名宿卫(客卜帖兀勒)、七十名侍卫(土儿合兀惕)。在那里挑选轮番护卫士(客失克田)入队时,选拔千户长、百户长的子弟和白身人(自由民)子弟入队,选拔其中有技能,身体、模样好的人入队。

成吉思汗降恩旨给阿儿孩·合撒儿说:"选取一千名勇士,作战时站在我的面前厮杀,平时做我的轮番护卫中的侍卫!"

又说:"七十名侍卫由斡格列·扯儿必担任首长,与忽都思·合勒潺共同商议行事。"

成吉思汗又降旨说:"箭筒士、侍卫、轮番护卫、司膳、门卫、

【题解】他两财物并封为答儿罕。此为成吉思汗所下的谕旨。

【题解】桑昆的马夫阔阔出将桑昆遗弃在野外,前来投奔铁木真,他的这一举动违背了铁木真的忠诚观,因而被处决。

【题解】1203 年灭克烈部之后,1204 年征伐乃蛮部之前,铁木真组建怯薛军,并委派其官员和规定其职责的命令。此为成吉思汗所下的谕旨。

管战马人(阿黑塔赤),白天进入值班,在日落前交班给宿卫,骑自己的战马出去住宿。宿卫夜间让宿卫士卧在帐庐周围。应守门的,可轮流站立守门。箭筒士、侍卫在第二天早晨咱们喝汤时,向宿卫说了后接班。箭筒士、侍卫、司膳、门卫都要在自己岗位上执事,就位而坐。值班三夜三天后,依例住宿三夜后更替。夜间有宿卫,可卧于帐庐周围值宿。"

余大钧译注《蒙古秘史》河北人民出版社 2001 年 292–295 页

决意征乃蛮

【题解】本文记载了1204 年春商讨征伐乃蛮部时机时,众将领们提出的建议和铁木真的最后决定。

岁甲子,帝大会于帖麦该川,议伐乃蛮。群臣以方春马瘦,宜俟秋高为言。皇弟斡赤斤曰:"事所当为,断之在早,何可以马瘦为辞?"别里古台亦曰:"乃蛮欲夺我弧矢,是小我也,我辈义当同死。彼恃其国大而言夸,苟乘其不备而攻之,功当可成也。"帝悦,曰:"以此众战,何忧不胜。"遂进兵伐乃蛮,驻兵于建忒该山,先遣虎必来、哲别二人为前锋。

《元史·太祖纪》中华书局 1976 年 12 页

惊吓乃蛮部塔阳汗

【题解】本文记载了与乃蛮部交战前,铁木真与将领们商定战术后下达的命令。

我军到达撒阿里草原,在那里停下,商议怎样作战。朵歹·扯儿必向成吉思汗建议说:"咱们的兵少,不仅少,而且一路上走来,已经疲倦了。如今先停驻下来,让马吃饱了。咱们在这撒阿里草原上散开安营,让每个人都点燃起五堆火,用火光来虚张声势,惊吓敌人。听说乃蛮部人数众多,但是他们的塔阳汗是个没有出过家门的娇生惯养者。在用火使他们惊疑之间,咱们的马也就吃饱了。咱们的马吃饱后,咱们就去追赶乃蛮哨兵,紧追着他们,把他们赶到他们的中军里,乘着他们慌乱,冲杀进去,这样行不行?"成吉思汗同意他的建议,降旨道:"传令全军士兵,就那样点燃起火来。"

余大钧译注《蒙古秘史》河北人民出版社 2001 年 297 页

灭乃蛮部的战术

成吉思汗听到这个消息,降旨道:"乃蛮人人数多,作战时要让他们多损失;我们人数少,作战时要减少损失!"说罢,他骑上马迎上前去,驱逐他们的哨兵。他指挥军队摆开阵势时,与将士们互相说道:

"像灌木丛般地前进,

摆开海子般的阵势,

像凿子般地攻进去!"

余大钧译注《蒙古秘史》河北人民出版社 2001 年 302 页

【题解】这是铁木真在火乃蛮部之战中采取的战术的全面而生动的表述。

与塔阳汗战

成吉思汗对拙赤 – 合撒儿下令道:"你掌管中军!"

拉施特《史集》第一卷第二分册余大钧、周建奇译

商务印书馆 1992 年 204 页

【题解】1204 年进攻乃蛮部时,铁木真命哈撒儿掌管中军。

命塔塔统阿教授诸子畏兀儿字

塔塔统阿,畏兀人也。性聪慧,善言论,深通本国文字。乃蛮大扬可汗尊之为傅,掌其金印及钱谷。太祖西征,乃蛮国亡,塔塔统阿怀印逃去,俄就擒。帝诘之曰:"大扬人民疆土,悉归于我矣,汝负印何之?"对曰:"臣职也,将以死守,欲求故主授之耳。安敢有他!"帝曰:"忠孝人也!"问是印何用? 对曰:"出纳钱谷,委任人材,一切事皆用之,以为信验耳。"帝善之,命居左右。是后凡有制旨,始用印章,仍命掌之。帝曰:"汝深知本国文字乎?"塔塔统阿悉以所蕴对,称旨,遂命教太子诸王以畏兀字书国言。

《元史·塔塔统阿传》中华书局 1976 年 3048 页

【题解】铁木真灭乃蛮部后,开始采用回鹘式蒙古文字母书写蒙古语,由此创立了大蒙古国的官方文字。

成吉思汗收纳古儿别速为妃

成吉思汗派人把塔阳汗的母亲古儿别速带来,对她说:"你不是说过蒙古人有恶臭气味吗?如今你怎么来了?"说罢,成吉思汗把她收纳为妃。

余大钧译注《蒙古秘史》河北人民出版社 2001 年 307 页

娶忽阑为妃和降恩于纳牙阿

成吉思汗大怒,对纳牙阿说:"你为什么要让他们停留下来住了三天三夜?"正要对纳牙阿从严仔细审讯加以处分时,忽阑·合敦奏禀说:"纳牙阿曾劝我们说:'我是成吉思汗的大那颜,咱们一同去把你的女儿献给大汗吧,因为路上兵荒马乱。'如果遇见的不是纳牙阿,而是其他军队,乱中生事,真不知会陷于何种境地?我们幸好遇见了这纳牙阿。如今若蒙大汗降恩,与其审问纳牙阿,不如查验我这上天所赐、父母所生的肌肤吧。"纳牙阿被审问时,说道:"臣一心敬仰大汗,遇到外族的美貌女子、贵妇和骏马,就献给大汗。若有三心二意,臣愿意去死。"成吉思汗同意忽阑·合敦的奏请,当天就对她进行查验,证实她所说的话不假。于是,成吉思汗降恩于忽阑·合敦,很宠爱她。由于也证实了纳牙阿所说的话不假,成吉思汗很赞赏他,降恩旨道:"这是个说真话的老实人,以后可以委以大任。"

余大钧译注《蒙古秘史》河北人民出版社 2001 年 308—309 页

出征高丽

主上向日出之国高丽进军时,适值乌讷根江泛滥。主上及大军驻跸于此,遣使代己谕令:"主圣为了征收赋役而来。"高丽的布噶斯察罕汗奉献其女名忽兰者,并有虎帐及两户高丽随嫁,用船载来。主圣召唤以高丽的布噶斯察罕汗为首的那颜、赛德等,全体到河这边来听令:"尔等如输纳赋役于我,才能守住此疆彼土。"敕毕,并皆尊命而行。其后,主圣欲与忽兰哈屯共枕,所有的赛德都谏言:"野外合卺,于礼不合;回宫临幸如何?"没听从他们的话,还是共枕了。从此,驻跸高丽国三年。这期间,委任阿儿合孙虎儿赤监国。于是家里派遣阿儿合孙虎儿赤作使臣,探悉主圣淹留的原因。阿儿合孙虎儿赤骑着合儿巴仑花骝马三夜赶了三月的路程,叩请:"主上平安吗?"主上回答:"平安。"并询问:"我的大臣们、后妃、诸子、举国之人好吗?"虎儿赤奏言:

> "您的后妃、诸子都好,
>
> 众民的情况却不曾知道;
>
> 您的妇女、诸子都好,
>
> 您的大国的情况却不曾知道;
>
> 我张开的嘴吃上了皮糠,
>
> 您的众民的情况却不曾知道;
>
> 我渴了的口喝到了水和雪,
>
> 您的国家蒙古的情况却不曾知道。"

回奏已毕,主上未能领会,让他继续说下去。阿儿合孙虎儿赤奏:

> "常言道,
>
> 白海青产卵于娑罗树上,
>
> 以为娑罗树可靠,
>
> 却被花豹恶鹰毁了巢,吃掉卵、雏;
>
> 俗话说,
>
> 鸿雁孵卵在苇丛中,
>
> 以为苇丛可恃,
>
> 却让白爪恶鹰坏了窝,吃去卵、雏;
>
> 我聪睿的主上,明鉴吧!"

主上问:"虎儿赤的话,你们明白吗?"众臣说:"不明白。"主上自己懂得了,宣谕:

述具有史诗色彩。

"所谓娑罗树,指我的众伴当;

所言白海青,乃我自身;

所谓花豹,指高丽国;

所言卵、雏,乃我的后妃、诸子;

所谓窝、巢,指太平大邦。

所言苇丛,乃广阔大国;

所谓鸿雁,指我本身;

所言之鹰,乃高丽国;

所谓卵、雏,指我的后妃、诸子;

所言窝、巢,乃太平大邦。"

谕讫,随即启程。圣主降谕:"我的孛儿帖哈屯系幼时结缡,无颜相对,回到家里,那屋子便窄了。原未询及家中之人,倘在外人面前发怒,似觉又羞又惧,先遣朕九杰中之一人通个话,至为必要。"故此,札剌儿部的国王木华黎奉主命前往。到达之后,给孛儿帖哈屯叩头,坐下。于是哈屯问道:"我主平安吗?你来做什么?"回奏说:

"主上派我来传达旨意;

没有遵守建国的典章,

放纵了自己的权欲;

没有听从'赛德'的忠告,

贪婪于虎帐之色。

圣主在那里,已与忽兰哈屯共枕了。"

奏毕,孛儿帖哈屯下谕:

"靠汗主的威力,

全蒙古不愿意,又能怎样?

靠主圣的威力,

众生灵不愿意,又能怎样?

额尔吉河上鸿雁集聚,

任凭主上射到拇指发胀;

大国境内妇女尽多,

听凭主上寻访探求。

芦苇湖畔鸿雁集聚,

任凭主上射到手指发胀;

广大国土妇女尽多,

听凭睿主查考纳娶。

善射者箭中双兔,

男儿喜欢的话,同娶姐娣。

烈马喜被雕鞍,

贤妻愿夫续娶。

难道多了还坏吗?

少了就好吗?

衣服双层可以御寒,

绳子三股不易抻断。"

圣主携同忽兰哈屯回来之时,报告说:"阿儿合孙虎儿赤酒后佩带金匏憩息它处。"主圣召唤博尔术、木华黎二人,命他们前去,"既不声张、又不申斥地将阿儿合孙虎儿赤杀了。"博尔术、木华黎去后说:"阿儿合孙虎儿赤!因为你喝醉了酒,佩带金匏睡在别的地方,打发我们前来,既不声张、又不申斥地把你杀了。"阿儿合孙虎儿赤道:"常言说:

杀人要听声音,

死者应留遗言。"

因此,二位官员没杀他,把上等的酒罐让他挟在腋下,将高级的酒罐让他端在胸前,拽至帐下。圣主这时适在寝中,博尔术、木华黎二人隔窗奏请道:

"您的大明宫里照进了轻霞,

唤醒子女们吧!

罪犯,执事人员都会集了,

降下明旨吧!

您的大玉殿中闪灼着光辉,

启开屋门吧!

您的获怨的人恭候着，

乞望颁示明诏。"

奏过之后，主上起床了，命将阿儿合孙虎儿赤带至跟前。主上既不发话，博尔术、木华黎二位"赛德"也不作声，阿儿合孙虎儿赤自己说：

"燕雀在丽木上自鸣得意时，

忽然芝麻雕冲来，

连'锵'的一声都未得及叫出来；

万寿之主暗怀愤恨之际，

我也未得及'锵'的一声回奏。

十岁开始为您佩带金箙，

学您的谋略、机智；

恶习没有戒除，

酗酒是真的，酗酒后，

我佩带您的金箙却没有恶念。

自从二十岁为您佩带金箙，

学您的风采、智慧；

陋规没有察觉，

犯酒是真的，犯酒后，

我佩带您的金箙却没有野心。"

主上听了，说："我那以辩才脱罪的阿儿合孙虎儿赤！我那以滑稽著称的阿儿合孙虎儿赤！"这才赦免了死罪，传令晓谕于大众。

朱风、贾敬颜译《汉译蒙古黄金史纲》19—23 页

【题解】此为铁木真收抚大部分篾儿乞惕部众时发生的历史事件和当时铁木真下达的命令。

篾儿乞惕部的灭亡

在俘虏篾儿乞惕部百姓时，掳获了脱黑脱阿·别乞的长子忽都的妃子秃该、朵列格捏二人。成吉思汗把朵列格捏赐给了斡歌歹合罕。

有一部分篾儿乞惕部众叛变出去，建台合勒山寨据守。成

吉思汗降旨说：“命锁儿罕·失剌的儿子沉白为长官，率领左翼军前去攻打守寨的篾儿乞惕人。”脱黑脱阿和他的儿子忽都、赤剌温带着少数人马逃走。成吉思汗前去追击，在阿勒台山山阳过冬。牛儿年（乙丑，1205 年）春天，成吉思汗越过阿来岭追去。失去了部众逃出的乃蛮部古出鲁克汗，与带着少数人马的篾儿乞惕部脱黑脱阿相合，在额儿的失河的支流不黑都儿麻河源头一起整顿军队。成吉思汗追来，与他们对阵厮杀。脱黑脱阿在那里被乱箭中倒毙。他的儿子们不能带走他的尸骨，就把他的头割下带走了。在那里，乃蛮人、篾儿乞惕人合力不能取胜，他们败走渡过额儿的失河时，大部分人落水淹死。渡过额儿的失河的少数乃蛮人与少数篾儿乞惕人分开逃走。

……

那时，沉白已讨平了据守台合勒山寨的篾儿乞惕人。成吉思汗降旨把篾儿乞惕人该杀的杀了，剩余的让各军分掳了。

还有，以前投降的篾儿乞惕人又在各老营中反叛了，我们在各老营中的阔脱臣，讨平了他们。于是，成吉思汗降旨道：“让他们全都住在一起，他们却反叛了！”于是把篾儿乞惕人全部分配给了各处。

余大钧译注《蒙古秘史》河北人民出版社 2001 年 313-314 页

君臣关系

篾里期之战，亦以风雪迷阵，再入敌中，求太祖不见，急趋辎重，则帝已还卧憩车中，闻博尔术至，曰：“此天赞我也。”

《元史·博尔术传》中华书局 1976 年 2946 页

【题解】本文记载了与篾儿乞惕部交战时的一则故事和铁木真的一句话。表达了君臣关系和铁木真的宗教观。

命速别额台追袭忽都等人

就在这个牛儿年（乙丑，1205 年），成吉思汗降旨，命速别额台带着铁车去追袭脱黑脱阿的儿子忽都、合勒、赤剌温等人。

【题解】此为铁木真派速别额台率军追讨篾儿乞惕部忽都

等人时下达的命令和教诲。

成吉思汗在圣旨中嘱咐速别额台说:"脱黑脱阿的儿子忽都、赤剌温等惊慌逃走时还返身回射。

他们已成了带套杆的马,

成了中箭受伤的鹿,

逃去了!

他们若变成鸟飞上天,

你速别额台,

不会变作海东青飞去,

拿下他们来?

他们若变作野獭,

掘地而入,

你速别额台,

不会变作铁锹,

掘地寻索,

追捕他们?

他们若变作鱼,

游入湖海,

你速别额台,

不会变作渔网,

捞捕他们?

朕命你越高山、渡大河前进。

跋山涉水远途行军,

要爱惜战马于未瘦时,

节省粮草于未尽时。

战马瘦了,

再想爱惜也晚了;

粮草用尽了,

再想节省也迟了。

行军途中野兽必多,

勿使士兵追逐野兽,

不为无节制的围猎，

应虑及行程遥远。

为补充军粮，

只可适度围猎。

除适度围猎时外，

士兵骑马，

要脱去鞍鞯

脱去马辔，

缓慢行进。

执行这样命令，

士兵骑马就不会奔驰；

立下这样纪律，

违令者杖责！

违令者若为朕所认识者，可押解到朕处来；若非朕所认识者，可就地处罚！

即便远渡大河，

也要执行纪律；

即便远离高山，

也要统一思想。

若蒙长生天佑护，擒住了脱黑脱阿的儿子们，不用押解回来，就地处死。"

速别额台率领军队出发时，成吉思汗又对速别额台降旨说："朕命你去远征篾儿乞惕人，因为朕年轻时曾受到三姓篾儿乞惕人的兀都亦惕人围绕不儿罕·合勒敦山三遍追捕的威胁，有这般仇恨的篾儿乞惕部众如今恶骂着逃走了。为了让你穷追到底，朕为你造了铁车，让你在今年牛儿年出征。

你虽然离去了，

但仍像在朕的眼前；

你虽然远去了，

但仍像在朕的身边。

你经常想到有朕时刻挂念着你,这样想来,就会获得上天的佑护。"

余大钧译注《蒙古秘史》河北人民出版社 2001 年 317－319 页

【题解】本文记载了1216 年(丙子),速不台请求征伐篾儿乞惕残余势力,获得铁木真允许。

速不台征篾里吉

速不台,蒙古兀良合人。……篾里吉部强盛不附。丙子,帝会诸将于秃兀剌河之黑林,问:"谁能为我征篾里吉者?"速不台请行,帝壮而许之。

《元史·速不台传》中华书局 1976 年 2975 页

【题解】本文记载了铁木真与钦察国主之间就有关追讨或收留篾儿乞惕部残余事宜而进行的交涉。

谴责钦察国收留蔑里乞部首领火都

太祖征蔑里乞,其主火都奔钦察,亦纳思纳之。太祖遣使谕之曰:"汝奚匿吾负箭之麇?亟以相还,不然祸且及汝。"亦纳思答曰:"逃鹯之雀,丛薄犹能生之,吾顾不如草木耶?"太祖乃命将讨之。

《元史·土土哈传》中华书局 1976 年 3131 页

【题解】此为铁木真在篾儿乞惕部被消灭和杀死篾儿干时的命令。

篾儿乞惕部的灭亡和篾儿干的被杀

他们在那里与忽都作战,击溃了篾儿乞惕部,将他们全部歼灭,除 [脱黑台的] 幼子篾儿干以外,篾儿乞惕人一个也没剩下。篾儿干善射。他被抓住带到了术赤处。由于他善射,[术赤] 遣使至成吉思汗处请求赦免他。但是,成吉思汗 [以前] 从他们 [篾儿乞惕人] 处吃过种种苦头,[当时] 他想道:"不行!再也不能让他们作乱了!"于是派人答复术赤说:"我为你们争得了这么多国家和军队,[区区] 篾儿干算得了什么!"这样,就把他也杀掉了,这个部落遂全部绝灭了。

拉施特《史集》第一卷第二分册余大钧、周建奇译

商务印书馆 1992 年 244－245 页

札木合的结局

讨平乃蛮部、篾儿乞惕部时，曾与乃蛮人在一起的札木合，他的部众在那里（乃蛮地区）被夺走了。

札木合和他的五个同伴（那可儿），同做劫贼。有一天，他们登上倘鲁山，杀了一只羱羊烧着吃。札木合对他的同伴们说："谁家的儿子，今天能宰杀羱羊，这样吃呢？"他正在吃羱羊肉时，他的五个同伴下手把他捉住，押送到成吉思汗处。

札木合被其同伴们擒来时，让人对其安答（义兄弟）成吉思汗说：

> "乌鸦捕捉了紫鸳鸯，
>
> 下民（合剌出），奴婢擒拿了他们的汗，
>
> 我的大汗安答（义兄弟）啊，
>
> 你说该怎么办？
>
> 低能的贱鸟捕捉了蒲鸭，
>
> 奴婢、家丁围捕了本主，
>
> 我圣明的安答啊，
>
> 你说该怎么办？"

成吉思汗听到札木合说的这些话后，降旨道："怎么能容忍这种侵犯本主的人呢？这种人还能与谁为友伴？可传旨：族斩侵犯本主之人！"于是，当着札木合的面，把下手擒拿札木合的那些人全部斩杀。

成吉思汗派人去对札木合说："如今咱俩又相会了，咱俩仍还相伴为友吧？以前咱俩互相依靠，都是大车的一条辕，你却产生了分离的念头。如今咱俩可以在一起，互相提醒忘记的事。熟睡不醒时，可以互相唤醒。前些年你虽离我而行，终究还是我的有吉庆的安答（义兄弟）。每当生死存亡之际，你还是很关心我。离我而行时，每当争战之日，你也很关心我。如果要问，那是什么时候？那是我与王汗交战于合剌合勒只惕沙碛的时候，你曾派人把你与王汗说的话告诉我，提醒我，这是你的功劳。在

【题解】札木合被处死前铁木真与札木合之间的谈话。

纳忽山崖与乃蛮作战时,承你宣扬我军的威武,用譬谕方式对乃蛮人口诛舌伐,危言恫吓,使他们心惊胆战,未战先败,这也是你的功劳。"

札木合听了后,说道:"想当年年轻时,咱俩在豁儿豁纳黑草原上互相结为安答(义兄弟),一起吃消化不掉的(很多)食物,一起说忘不了的话,同盖一条被子睡在一起。后来被外人挑唆,被他人离间,咱俩分离了。我曾对人说过嫉妒你的话,所以不敢老着脸皮来亲近你,羞于见大汗安答你温暖的脸。回想起我以前说过的话,我不能不脸红,羞于与有恒心的安答你真诚的脸相见。如今大汗安答你降恩,仍愿与我作友伴。但我以前当与你作友伴时,不曾与你作友伴,如今安答你已平定全国,兼并邻部,汗位已归属于你,天下已定,我与你作友伴又有何用? 我若不死,只怕会使安答你夜里睡不安稳,白天不能安心,只怕会成为你衣领上的虱子,衣襟内的刺。我是一个毛病很多的人,离开安答你另搞一套,以致走上错路。在这一生中,安答你与我二人的名声,从日出之地到日落之地,人人皆知。安答你有贤明的母亲,生下你这位豪杰,你有能干的弟弟们,你的友伴皆为英豪,你有七十三个战马(般的豪杰),因此我被安答你所打败。而我自幼就失去了父母,又无兄弟,妻子是个长舌婆,友伴没有可依靠的,因此被天命有归的安答你所打败。安答你降恩吧,令我速死,以安安答你的心。安答你降恩处死我吧,但愿不流血而死去就好。我死之后,请将我的尸骨埋葬在高地,我将长久保佑你的子子孙孙。我是你的旁支亲族所生,被出自旺族的安答你的威灵所屈服。我所说过的话请别忘了,你们可早晚想着商议,如今请赐我速死。"

成吉思汗听了他的这些话后说:"我这位安答虽曾离我而去,虽对我们满口讥议,但尚未听说他想害我的性命,他是个可让人们向他学习的人。他不愿活,只求赐死,我令人占卜,并未入卦。无缘无故害他性命是不合适的。我们是讲道理的人。现在就讲一讲处死他的理由,可以去告诉他:以前你的部下给察儿和我的部下拙赤·答儿马剌因抢夺马群而发生争端,你札木合安答不该妄行攻伐,攻我于答阑·巴勒渚惕地方,逼我避入者列捏峡谷。如今我欲与你为友伴,你不肯。我爱惜你性命,你却只求一死。现在我就依从你的请求,让你不流血而死。"

成吉思汗降旨道:"可将札木合不流血处死,不得暴露其尸骨撇弃,宜以礼厚葬。"札木合遂被装入袋中窒息处死,他的尸骨被埋葬了。

余大钧译注《蒙古秘史》河北人民出版社 2001 年 321-324 页

札木合被俘后所说的话与可汗处决出卖札木合的人

札木合心怀贰意,背离成吉思可汗而去,他的伴当把他擒住,送来了。可汗降旨说:"札木合安答说吧!"札木合说:"被贤明的安答所胜,倒没有什么。只是灰色的鹰出翔不利,折毁了它的羽翼。黔首顽奴与可汗为敌,应砍断他的头颅。我札木合心怀贰意,如今我的伴当们把我给捉来了。他们没有散开的时候,已经把我像猪仔一般的捕捉了,他们若是各个自立,岂不捉捕鸿鸟仙鹤吗? 快把我斩决! 我的伴当由你处置!"成吉思可汗降圣旨说:"对! 以此为众人的法度! 我们在这里的伴当们,今后可要以此事为鉴!"于是把他的伴当们都处死了。

札奇斯钦著《蒙古黄金史译注》61 页

【题解】本文记载了铁木真与札木合的对话以及处死札木合伴当的命令。

建国及传位时的言论

建国设千户与恩赐失吉·忽秃忽

平定了有毡帐的百姓,虎儿年(丙寅,1206 年)聚会于斡难河源头,树立起九脚白旄纛。在那里,被尊为成吉思汗。在那里,木合黎受封国王称号;者别受命出征,去追袭乃蛮部的古出鲁克汗。

整治了蒙古百姓,成吉思汗降旨道:"共同建国有功者,在编组各千户时,封授为千户长。"

……

成吉思汗又对包括驸马们在内的人同降旨道:"这些任命的九十五千户长,委付以千户。"

成吉思汗降旨道:"其九十五千户长中有特殊功勋者,赐予恩典。可命孛斡儿出、木合黎等那颜前来。"这时,失吉·忽秃忽在宫帐内,成吉思汗对失吉·忽秃忽说:"你去召请他们来。"失吉·忽秃忽说:"孛斡儿出、木合黎等人立的功比谁多?他们出的力气比谁多?若要赐予恩典,我立的功难道少吗?我出的力气难道少吗?我自幼在摇车里时,就在您家的高门限里,直到颔下长出胡须,始终没有三心二意过。我从幼年尿裤裆时,就在您家的金门限里,直到嘴边长出胡须,始终没有出过差错。我卧在您的脚后,被您当作儿子养育;我卧在您的身边,被您当作弟弟养育。如今赐给我什么恩典呢?"

成吉思汗听了这些话后,对失吉·忽秃忽降旨说:"你不是朕的六弟吗?朕将依照封赐诸弟的分例,封赐义弟你。又因为你的功劳多,赦免你九次犯罪不罚。"

又降旨说:"蒙长生天佑护,平定了全国百姓,你可充当朕的耳目。依照从全国百姓中分封朕的母亲、诸弟、诸子以分民之例,可将有毡帐的百姓(游牧民)、有门板的百姓(定居民)分一些给你。无论何人,不许违背你说的话。"

又降旨说:"在全国百姓中,你可惩治盗贼和欺诈者,按道理应该处死的处死,应该惩罚的惩罚!"遂封他为全国最高断事官。

又降旨说:"把全国领民的分配情况和所断的案件都写在青册上面。凡是失吉·忽秃忽与朕议定而写在青册白纸上的规定,直到子子孙孙,永远不得更改,更改的人要治罪。"失吉·忽秃忽说:"像我这样的义弟,怎么可以取得与皇弟同样多的一份呢?若蒙恩赐,可赐予一些城市百姓,任凭大汗恩赐吧。"

成吉思汗回答说:"这就由你自行斟酌而定吧。"失吉·忽秃忽自请而获恩赐后,就出来宣召孛斡儿出、木合黎等那颜进去。

余大钧译注《蒙古秘史》河北人民出版社 2001 年 345—346 页

铁木真即汗位

己酉年,那罕王之子铁木真在怯绿连河畔曲雕·阿兰登上合罕位,当时他二十八岁。在〔即位〕前三天的清晨,曾有一只类似云雀的五色小鸟落在帐房前一块四方石头上,"成吉思!成吉思!"地啼叫。由此,"速图·孛黑答·成吉思合罕"的英名响彻四方。

却说那块石头突然自行裂开,里面现出称为"玉宝"的〔一方〕玉印,长宽一拃见方,背面有双龙盘龟的图案,好像雕出的一般。那印不多不少可钤盖一千张纸。随后立即在斡难河源头树起了九旒白纛,派〔人〕到迭里温·盘陀之地树起了四旒黑灵旄,〔铁木真〕作了四十万巴塔人众之主。主上降旨说:

"当我艰难奔走收集〔人众〕的时候,

　　与我同甘共苦竭力效劳的

　　我这些有如水晶珍宝般的巴塔人众,

历尽千辛万苦,成了天下的中坚。

应当叫做众民之首'阔客蒙古'。"

自降旨后,〔国名〕就称为"阔客蒙古国"。

乌兰著《〈蒙古源流〉研究》辽宁民族出版社 2000 年 150 页

委派官员及封博尔术为九省之长

结束了那次对撒儿塔黑臣的远征后,神圣的主上为修明全国的政制,对九月儿鲁为首的所有效力者,按轻重之序赐与了显贵爵号、重大职务和足够的赏赐,令〔他们〕作了百户那颜、千户那颜、万户那颜和亿户那颜,并发大仓普济全体国民,当时,唯独没有提到博尔术那颜。晚上休息的时候,〔主上〕派孛斡勒·别臣守在门口,然后进来准备就寝。这时,孛儿台·旭真·薛禅·速台太后在床上说:

"在你困窘艰难的时候,

自愿来投并且好生相伴,

成就你艰难事业的人,

不是不惜生命的博尔术吗?

你身为众人的主上合罕,

对全国人众〔加恩〕重赏,

莫非〔独〕将鞠躬尽瘁的俊杰博尔术遗忘?"

主上说:"我并没有遗忘,只是想向心怀妒意的人们显示一下博尔术的贤德。孛斡勒·别臣,你去他家暗中窥探。他肯定不会生我的气,或许正坐在家里说好话呢。"孛斡勒·别臣遵命前去,正赶上〔博尔术〕的妻子帖古思干·豁阿在说:

"成功之前即来投奔,

护卫他的治国举措,

创就他的全部事业,

你比所有的人出力都多。

忘掉生身父母,

抛下怀抱养育的妻儿,

你本望为主上效力服务，

今天虽然艰辛但终可享福。

〔如今〕圣主普施恩惠，

胜任的、不胜任的都成了万户、千户，

不是唯独未提及你博尔术吗？

为孛儿只斤效力的，当以你为鉴。"

博尔术回答说："常言道，

'不要贪图饕餮美食，

要坚忍不拔地好生效力，

不要争抢俸禄赏赐，

要永世相伴，竭诚效力。'

妇人缰绳短，心胸狭浅。

愿我主上的黄金缆绳巩固！

只要他玉宇江山平安，

虽今日不曾受封，

后世子孙终会承恩。

着急生气有什么用处？

我将继续不断地效力。

主上必已探听我话语，

他怎么会把我忘记？

圣主心中必另有主意。"

孛斡勒·别臣把这些话如数禀报主上。主上说："我不是提醒过吗？若论从前，〔他〕比别人出力更多；若论如今，〔他〕不分人前人后，直述自己的信念。也许会有庸人产生妒意。明天我将把博尔术的这些贤德之事公布于众。重重赏赉。"第二天，庞大的兀鲁思集合起来，主上降旨说："昨天我在向众人进行赏赐的时候，遗漏了博尔术。为此，我的妻子孛儿台·旭真晚上责怪了我。就在那时，童仆路经博尔术家回来，向我禀报了博尔术和帖古思干二人的谈话。"接着如数〔复〕述了博尔术夫妇二人前一天的对话，又降旨说：

"任凭皮〔制〕撒袋磨损到破裂，

仍然口出善言的博尔术！

乱世之中竭力相伴，

从未气馁的博尔术！

任凭毛〔制〕撒袋碎成粉末，

愈加勤恳相伴的博尔术！

生死决战中真心相伴，

不惜生命的博尔术！

因此，现在〔我〕命令以九月儿鲁为首的我的众那颜、众大臣和众属民们，你们不得妒忌此人！对出力更多的人，如果不加倍施赏，就会阻断今后的效力者。因为这博尔术来投在先，效力最多。我现在比别人更加重赏他，原因就在于此。"全体那颜、大臣们说："〔咱们〕曾经议论过，说主上在此之前广行赏赐的时候，为什么只字没提这博尔术那颜？主上的心中肯定另有想法。原来是这么一回事。咱们怎么能妒忌他呢？这道命令难道不是对我们大家的爱惜吗？"

于是主上降旨说："〔赐与博尔术〕'对内管辖我玉宇大统，对外主持五色人众，保管嘹亮坚实号角的九省那颜曲律·博尔术'〔的称号〕！"赐与他的妻子帖古思干·豁阿"夫人太夫人"的称号，擢封博尔术为九月儿鲁的魁首、九省的那颜。

乌兰著《〈蒙古源流〉研究》

辽宁民族出版社 2005 年 165-168 页

举行 1206 年大会时的训谕

于是对众人训谕道：

"合罕受到爱戴，而不该无节制，

黎民百姓，应该省察自己的品行。

玉宝大政，应该日夜思虑，

伴当朋友，应该和谐相爱。

【题解】1206 年，在斡难河源头聚会，建立大蒙古国，铁木真即汗位，尊称为成吉思汗。本文记载了成吉思汗在

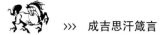

这次会上向众人下达的箴言。

锐利武器, 应该牢守。

临外族仇敌, 应奋身勇进。

眷从亲密间, 应恭敬和睦。

对众人温和相待, 应被称为善。

修习博学智慧, 为恒久伴友。

弃骄满性, 应与众人顺和。

不尚跋扈, [跋扈] 反害其身。

持卑谨慎, 晓 [泱泱国] 不缺尔辈之理。

恩臣度功量勋而互比攀。

凭力凭智, 博得垂爱。

怀宏伟心, 持诚尽力。

按此般恒行, 向我进善言。

敕令 [这般] 下达了。"

乌云毕力格著《〈阿萨喇克其史〉研究》
中央民族大学出版社 2009 年 94 页

恩赐蒙力克

【题解】1206 年, 成吉思汗赏赐蒙力克的谕旨。

成吉思汗对蒙力克父亲降旨说:"您与我们共生共长, 您有福有吉庆, 您对朕的功劳、恩德很多。例如其中有一件事:当王汗、桑昆安答二人用诡计骗朕去时, 途中宿在蒙力克父亲家里, 若非蒙力克父亲您劝阻, 朕就会坠入有漩涡的水中, 落入有红焰的火中。朕深感您的恩德, 直至朕的子子孙孙, 永不忘记! 朕感念您的功德, 特设此座于旁, 请您坐。请您每年之中、每月之中能有时来参加商议。朕将俸禄颁赐给您, 直至您的子子孙孙, 永远享有。"

余大钧译注《蒙古秘史》河北人民出版社 2001 年 348 页

恩赐字斡儿出

【题解】1206 年, 成吉思汗恩赐字斡儿出的谕旨。

成吉思汗又对字斡儿出降旨说:"年轻时, 朕的八匹银灰色骟马被抢走了, 追赶了三天, 在途中与你相遇。那时你说:'我去陪伴艰难困苦而来的朋友！'没有告诉你家、你父亲，把挤马奶盛的皮囊、皮斗扎起来放在旷野里，把朕的秃尾甘草黄马放了，让朕骑上黑脊白马，你自己骑上淡黄色快马，把你的马群无主地放在一边，急忙从野外陪朕去追。追了三天，到了被抢走的银灰色骟马所在的营地，咱俩把营边的骟马驱赶了回来。你父亲是纳忽·伯颜，你是他的独生子，为什么要做我的友伴，陪我去追马？这是由于你的豪杰心胸。其后，朕很想念你，便派别勒古台请你来做友伴，你立即骑上拱背甘草黄马，捎上你的青色毛衫，来做朕的友伴。三姓篾儿乞惕人来袭，迫使朕围绕不儿罕山逃了三圈，你陪伴朕一起逃了三圈。其后，在答阑捏木儿格思地方与塔塔儿人相对抗时宿下，那时日夜大雨不止。那夜，你为了让朕安睡，拿着毡衫张开站立着，不让雨水漏下来淋着朕，你支着一只腿站了一夜，只换腿一次。这也是你的豪杰品质的证明。此外，你的种种豪杰行为，说也说不尽。孛斡儿出、木合黎二人，赞助朕做好事，劝阻朕做不好的事，才使朕得以登上这大位。如今你当位居众人之上，九次犯罪不罚。由你孛斡儿出掌管依傍阿勒台山的右翼万户。"

余大钧译注《蒙古秘史》河北人民出版社 2001 年 349-350 页

恩赐木合黎

成吉思汗又对木合黎说："当我们在豁儿豁纳黑草原上昔日欢庆忽图刺汗即位的枝叶茂盛的大树下驻扎时，木合黎把天神告知的先兆告诉了朕，使朕想起了古温豁阿对你木合黎所说的话。为此，让木合黎你坐在众人之上，封你为国王，子子孙孙世袭。"遂降旨说："封木合黎为国王，由木合黎国王掌管依傍合刺温·只敦山的左翼万户。"

余大钧译注《蒙古秘史》河北人民出版社 2001 年 350 页

【题解】1206 年，成吉思汗恩赐木华黎的谕旨。

木华黎救太祖

一日，太祖从三十余骑行溪谷间，顾谓曰："此中或遇寇，当奈何？"木华黎对曰："请以身当之。"既而，寇果自林间突出，矢

【题解】本文记载了木华黎救成吉思汗的一则故事。

下如雨。木华黎引弓射之,三发中三人。其酋呼曰:"尔为谁?"曰"木华黎也。"徐解马鞍持之,捍卫太祖以出,寇遂引去。

《元史·木华黎传》中华书局 1976 年 2930 页

谕木华黎与博尔术

【题解】本文记载了成吉思汗在对木华黎、博尔术分封之后,对二人说的话。

岁丙寅,太祖即皇帝位,首命木华黎、博尔术为左右万户。从容谓曰:"国内平定,汝等之力居多。我与汝犹车之有辕,身之有臂也。汝等切宜体此,勿替初心。"

《元史·木华黎传》中华书局 1976 年 2930 页

忙哥·哈勒赤兀的劝诫

【题解】本文记载了 1206 年大蒙古国建立大会时期忙哥·哈勒赤兀劝诫木华黎的箴言。

有洪福的圣成吉思可汗君临全国,在斡难河源建立九斿白纛旗,赐给札剌亦儿氏的木华黎国王、丞相、太师的封号。忙忽惕氏忽亦勒答儿之子,忙哥·哈勒赤兀说:

"不要因国子而自尊,

不要因王爵而骄傲,

不要为丞相的名分而盈满,

不要为太师的名分而造次,

不要为恩赐的饮料而陶醉,

不要为葡萄美酒而颓废!

要更加倍的效忠!"

札奇斯钦著《蒙古黄金史译注》59 页

搠阿

【题解】本文记载了察哈札剌儿氏搠阿归附成吉思汗的历史事件和他的射术。

搠阿,察哈札剌儿氏。及太祖嗣位,年尚幼,所部多叛亡,搠阿独不去。搠阿精骑射,帝甚爱之,号为默尔杰。帝尝与贼遇,将战,有二飞鹫至,帝命搠阿射之,请曰:"射其雄乎?抑雌者乎?"帝曰:"雄者。"搠阿一发坠其雄,贼望见,惊曰:"是善射若此,飞鸟且不能逃,况人乎!"不战而去。

《元史·忙哥撒儿传》中华书局 1976 年 3054 页

恩赐豁儿赤

成吉思汗又对豁儿赤降旨说：“你曾预告先兆。从朕年轻时至今，你曾与朕同历艰辛，做着朕的护福神。当时你豁儿赤曾说：'如果预告的先兆应验，符合天意，就让我有三十个妻子。'如今你预告的先兆已应验，朕恩赐你从归附的百姓中，选取美妇、美女三十人为妻。”

又对豁儿赤降旨说：“在三千户巴阿邻部人之上，再添加塔该、阿失黑二人同管的阿答儿斤部的赤那思、脱斡劣思、帖良古惕等部人，共满一万户，归你豁儿赤管领，在直到额儿的失河沿岸居住的森林百姓处镇守，可自由自在扎营。豁儿赤领有万户。”“凡森林百姓皆须听命于豁儿赤，不得随便行动，违犯者可毫不犹豫地惩处。”

余大钧译注《蒙古秘史》河北人民出版社 2001 年 351 页

恩赐主儿扯歹

成吉思汗又对主儿扯歹说：“你的主要功劳是：在合剌·合勒只惕沙碛与客列亦惕部人交战，朕正发愁时，忽亦勒答儿安答开口出战。但主儿扯歹你完成了他所想要做的事。主儿扯歹你作战时，向只儿斤部人、秃别干部人、董合亦惕部人、豁里·失列门、千名侍卫军等主力军冲上去，战胜了他们而冲到其大中军前，用箭射中桑昆的红腮，这才打开了长生天佑护的大门。若不射伤桑昆，我们不知道会怎么样呢！这是主儿扯歹你所立下的重要大功。离开那里，顺合勒合河而下出发时，朕把主儿扯歹你看作掩护我们的高山，在你掩护下，我们走到了巴勒渚纳湖饮水。从巴勒渚纳湖出发，以你主儿扯歹为先锋去征讨客列亦惕部。蒙天地佑护，我们讨平客列亦惕百姓，俘虏了他们。由于灭掉了客列亦惕这个重要的部落，乃蛮人、篾儿乞惕人大惊失色，不敢迎战而溃逃。乃蛮人、篾儿乞惕人溃散时，因客列亦惕人札合·敢不奉献他的两个女儿，故保全了他的亲属、百姓。然而他又叛离而去。

靠你主儿扯歹用计诱引，亲手将已逃离的札合·敢不捉住，再次
歼灭、俘虏了札合·敢的部众。这是你主儿扯歹的第二个功劳。"

> 在作战的时日，
>
> 他拼命出战；
>
> 在鏖战的时日，
>
> 他舍命冲杀。

由此之故，成吉思汗把亦巴合·别吉恩赐给主儿扯歹，他对
亦巴合·别吉说："不是嫌你的性行，不是你容貌不美。朕把怀
抱中的妃子你赐给主儿扯歹，是从大道理方面考虑。因为在对
敌作战的时候，主儿扯歹是掩护我们的盾牌。他把朕离散的百
姓聚集起来，他把朕溃散的部众聚拢来。考虑到他立下许多功
劳，所以把你赐给了他。此后，朕的继位子孙应当永远记得有这
样功劳的人，不可违背朕所说的话，直到子子孙孙，不可废除亦
巴合的位子。"

成吉思汗又对亦巴合说："你父亲札合·敢不，曾给你二百
名陪嫁人员，以及阿失黑·帖木儿、阿勒赤黑两个厨师。如今你
要去兀鲁兀惕部了，在你的陪嫁人员中，把阿失黑·帖木儿厨师
和一百人留下给朕做纪念吧！"遂留下了那些人。

成吉思汗又对主儿扯歹降旨说："朕把亦巴合赐给你了。
你就管领着你的四千兀鲁兀惕部人吧！"

余大钧译注《蒙古秘史》河北人民出版社 2001 年 353-354 页

赞术赤台

术赤台，兀鲁兀台氏。……术赤台始从征怯列亦，自罕哈启
行，历班真海子，间关万里，每遇战阵，必为先锋。帝尝谕之曰：
"朕之望汝，如高山前日影也。"赐嫔御亦八哈别吉、引者思百，
俾统兀鲁兀四千人，世世无替。

《元史·术赤台传》中华书局 1976 年 2962 页

【题解】兀鲁兀氏术
赤台常常征战时充
当先锋。因此，成
吉思汗曾经对他说
道："朕之望汝，如
高山前日影也。"下
令让他统领兀鲁兀
四千人，世世无替。

恩赐忽必来

成吉思汗又对忽必来说：

"你为朕扼住有力气人的颈项，压住力士的臀部。忽必来、者勒篾、者别、速别额台你们四人如同朕的四头猛狗。朕指派你们到朕所想到的地方去时，你们就

去把那里的坚石撞碎，

去把那里的山崖冲破，

去打碎明亮的石头，

去横断深水！

朕派忽必来、者勒篾、者别、速别额台你们四人，朕的四头猛狗，到朕所指向的地方去时，就把孛斡儿出、木合黎、孛罗忽勒、赤剌温·把阿秃儿这四杰留在身边，作战时，让主儿扯歹、忽亦勒答儿两人率领其兀鲁兀惕部人、忙忽惕部人站在朕的面前，这样朕就完全心安了。"

遂降恩旨说："军队的事，全部由你忽必来统辖！"

又说："朕责怪别都温性情执拗，没有封他做千户长，你与他友好，你们俩可同管一个千户，互相商量着行事。此后朕要考察别都温。"

余大钧译注《蒙古秘史》河北人民出版社 2001 年 357 页

恩赐格你格思氏人忽难

成吉思汗又就格你格思氏人忽难的事，对孛斡儿出、木合黎等那颜（官长）、朵歹、多豁勒忽等扯儿必降旨说："这忽难是黑夜的雄狼，白天的乌鸦。朕迁移时，他从不住下；朕住下时，他从不走开。对于仇敌，他决不给予好的颜面。凡事不与忽难、阔阔搠思两人商量，你们不可以做。凡事，你们要与忽难、阔阔搠思两人商量了后，再去做。"

又降旨说："拙赤是朕诸子中的长子，忽难可率领你的格你格思人，做拙赤手下的万户长。"又说："忽难、阔阔搠思、迭该、

【题解】本文记载了 1206 年成吉思汗恩赐忽必来的谕旨。

【题解】本文记载了 1206 年成吉思汗恩赐格你格思氏人忽难的谕旨。

兀孙老人这四个人，都是对朕不隐讳其所见、不藏匿其所闻的人。"

余大钧译注《蒙古秘史》河北人民出版社 2001 年 358 页

恩赐者勒篾

成吉思汗又对者勒篾降旨道："者勒篾幼年在摇车中时，札儿赤兀歹老人背着鼓风皮囊，带着他走下不儿罕·合勒敦山来，到达斡难河边迭里温·孛勒答黑地方，送给初生的朕一件貂鼠皮襁褓。从那时做朕的同伴以来，就做了门限内奴婢、守门的私仆。者勒篾有很多功劳，他与朕一同生长。有貂鼠皮襁褓的缘由，有福有吉庆的者勒篾，九次犯罪不罚！"

余大钧译注《蒙古秘史》河北人民出版社 2001 年 359 页

恩赐脱栾

成吉思汗又对蒙力克之子脱栾降旨说："你们父子俩，各管领一个千户吧！因为你收集百姓时，像你父亲的一只翅膀般地与他共同效力。由于你共同收集百姓有功，封你为扯儿必。如今把你收集到的百姓，由你自己管领，成为你的千户，可与秃鲁罕互相商量着行事。"

余大钧译注《蒙古秘史》河北人民出版社 2001 年 359 页

恩赐司膳汪古儿

成吉思汗又对司膳汪古儿说："蒙格秃·乞颜的儿子汪古儿，你与脱忽剌兀惕氏三家、塔儿忽惕氏五家、敞失兀惕人、巴牙兀惕人，组成朕的一个营圈（古列延）。你汪古儿，

大雾中未曾迷失，
战乱中不曾离去，
与朕同甘共苦，
同历艰辛。
如今你要什么赏赐？"

汪古儿说：“如今让我选择赏赐，那就这样吧，我的巴牙兀惕氏兄弟们分散在各部落里，若蒙恩赐，我愿把我的巴牙兀惕氏兄弟们聚拢到一起。”

成吉思汗允许了他的请求，降旨道：“可聚集你的巴牙兀惕氏兄弟们，由你管领一个千户。”

成吉思汗又降旨道：“汪古儿、孛罗忽勒二人。为左右两厢司膳，散发食物。你们让右厢站立的人、坐着的人，都不短缺给的食物；让左厢来到的、没来到的人，都不短缺发给的食物。你们二人这样地散发食物，就使朕喉咙不涩噎而心安了。如今汪古儿、孛罗忽勒两人要骑上马去散发食物给众人！”

又说：“你们坐下时，可坐在大酒局的左右厢，边照料食物边坐着。脱栾等人可一同面北居中而坐。”就这样指示了他们所应坐的座位。

余大钧译注《蒙古秘史》河北人民出版社 2001 年 360—361 页

恩赐孛罗忽勒

成吉思汗又对孛罗忽勒降旨说：“朕的母亲把从百姓营地上拾得的失吉·忽秃忽、孛罗忽勒、古出、阔阔出你们四个人抱在自己膝下做了养子，养育提携你们成长，做朕的友伴，做朕的影子。对朕母亲的养育之恩，你们已经有了报答。

孛罗忽勒与朕做伴，紧急行军，遇上雨夜，未曾让朕空腹而宿，与敌作战，未曾使朕喝不上肉汤而宿。

征服了杀朕父祖的仇敌塔塔儿部百姓，为报仇雪恨，把比车辖高的塔塔儿部百姓斩尽杀绝时，有个塔塔儿人合儿吉勒·失剌逃出去做了劫贼，因为穷困饥饿，又走回来，进入朕母亲的帐房里，说：‘我是请求施舍的。’朕的母亲说：‘若是请求施舍的，在那边坐下吧。’那人就在门后右床边坐下。那时拖雷才五岁，从外面走进来，立即又走出去时，合儿吉勒·失剌起身把拖雷夹在腋下就往外走，边走边抽出刀来。当时坐在母亲帐房内东面的孛罗忽勒的妻子阿勒塔泥听到母亲喊叫‘孩子没命

【题解】本文记载了1206 年成吉思汗恩赐孛罗忽勒的谕旨。

了！'，立即跑出去，追上合儿古勒·失剌，揪住他的发辫，另一只手抓住他那抽刀的手，使劲拉扯他的手，那把刀跌落到了地上。当时，者台、者勒篾二人在帐房后宰杀一头秃角黑牛以供食用。听到阿勒塔泥的喊叫声，者台、者勒篾二人，手上带着鲜血，拿着斧子赶来，把塔塔儿人合儿吉勒·失剌斫倒，拾起地上的刀，把他杀了。

其后，阿勒塔泥、者台、者勒篾三人争执救拖雷的首功。者台、者勒篾二人说：'如果我们不赶快跑来把他杀死，阿勒塔泥你一个妇人有什么用？拖雷的性命已被他害了。首功应当归我们。'阿勒塔泥说：'如果不听到我的喊叫声，你们怎么会赶来？如果没有我立即追上他，揪住他的发辫，抓住他抽刀的手，拉扯他的手，使刀子脱落，等到者台、者勒篾二人赶来时，拖雷的性命早就被他害了！'这样说了之后，首功遂归于阿勒塔泥。

还有，与客列亦惕部人交战于合剌合勒只惕沙碛时，斡歌歹的颈脉被射伤跌倒，孛罗忽勒用嘴吸吮去他伤口的凝血，夜里与他共宿。第二天早晨，因斡歌歹伤重不能骑马，孛罗忽勒把他抱在身前，叠骑在马上，不断用嘴吸吮去其伤口的血，嘴唇尽红，这样把斡歌歹的性命救出，送了回来。这就是孛罗忽勒你报答朕母亲辛苦抚养之恩，救出朕两个儿子性命所立的功劳。又，孛罗忽勒与朕做伴时，听到朕的召唤，就立即答应，未曾迟缓。孛罗忽勒，可九次犯罪不罚！"又说："可恩赐予孛罗忽勒朕族中之女子！"

余大钧译注《蒙古秘史》河北人民出版社 2001 年 362—364 页

【题解】本文记载了1206 年成吉思汗下令抚恤孛罗忽勒子女的谕旨。

抚恤孛罗忽勒那颜子女

成吉思汗听到孛罗忽勒那颜所说的话后，想起了他的功劳，对他的死去很悲伤，他很怜悯他的子女，说道："我要像心肝般地看待他留下的［子女］，他们不要悲伤，我会很好地爱护他们的！"后来他尊敬地抚养他的子女，给他们各种恩赐，经常关怀他们。

拉施特《史集》第一卷第二分册余大钧、周建奇译

商务印书馆 1992 年 245－246 页

恩赐兀孙老人

成吉思汗又降旨对兀孙老人说："兀孙、忽难、阔阔搠思、迭该这四人，凡是看见的事、听到的话，从不隐匿地告诉朕。并且把所知道的、所想到的事对朕说。蒙古的国制，在官制方面，有做别乞的体例。巴阿邻氏为长子后裔，别乞之制，在咱们亲族中由尊长担任别乞，兀孙老人你是巴阿邻氏为长的子孙，可做别乞！做了别乞，穿白衣，骑白马，坐在上座，主持祭祀，选算年月吉凶。"

余大钧译注《蒙古秘史》河北人民出版社 2001 年 365 页

【题解】本文记载了 1206 年成吉思汗恩赐兀孙老人的谕旨。

恩赐忽亦勒答儿子孙

成吉思汗又降旨说："忽亦勒答儿安答作战时捐躯，以及首先开口请战有功，其子子孙孙可享受抚恤孤儿的恩典。"

余大钧译注《蒙古秘史》河北人民出版社 2001 年 365 页

【题解】本文记载了 1206 年成吉思汗恩赐忽亦勒答儿子孙的谕旨。

恩赐纳邻·脱斡邻勒

成吉思汗又对察罕·豁阿的儿子纳邻·脱斡邻勒降旨说："你父亲察罕·豁阿，奋战于朕面前，在答阑·巴勒渚惕之战中被札木合杀死。如今脱斡邻勒，因其父有功，可享受抚恤孤儿的恩典。"

脱斡邻勒说："我的捏古思氏兄弟们分散在各部落中，若蒙恩赐，请恩准我把捏古思氏兄弟们收聚起来。"

成吉思汗降旨说："既然如此，你就去把你的捏古思氏兄弟们收聚起来，今后由你的子子孙孙世袭管领。"

余大钧译注《蒙古秘史》河北人民出版社 2001 年 366 页

【题解】本文记载了 1206 年成吉思汗恩赐纳邻·脱斡邻勒的谕旨。

恩赐锁儿罕·失剌

成吉思汗又对锁儿罕·失剌说："朕年幼时被泰亦赤兀惕氏塔儿忽台·乞邻勒秃黑兄弟们嫉恨，被他们擒获。你锁儿

【题解】本文记载了 1206 年成吉思汗恩赐锁儿罕·失剌的

谕旨。

罕·失剌因朕受他们嫉恨,让你的儿子赤剌温、沉白,你的女儿合答安帮助朕,把朕藏起来,后来又把朕放走了。你们的大恩,朕在夜梦中,白天在心坎里,常常思念不忘。你们从泰亦赤兀惕部来得晚一些。如今朕要赏赐你们,你们想要什么赏赐呢?"

锁儿罕·失剌和他的儿子赤剌温、沉白说:"若蒙恩赐,我们希望领有篾儿乞惕人的牧地薛凉格河地区为自由自在驻扎放牧的营地。其他赏赐,成吉思汗您看着办吧。"

成吉思汗降旨说:"你们可以在篾儿乞惕人的牧地薛凉格河地区自由自在驻营放牧,直到子子孙孙,可佩戴弓箭,可参加宫廷宴会享受宗王般'喝盏'礼遇,自由自在,九次犯罪不罚。"

成吉思汗又降恩于赤剌温、沉白,说道:"朕常想着以前赤剌温、沉白所说的话,怎么能忘得了?赤剌温、沉白你们俩有想说的话,有想要的缺少的东西,不要通过旁人来说,可以亲自找我说,说你们想要的话,要你们缺少的东西。"

又降旨说:"锁儿罕·失剌、巴歹、乞失里黑你们三位答儿罕,可以自由自在,征伐众敌时你们所掠得的财物,围猎野兽时你们所猎杀的,都归你们取得。""锁儿罕·失剌原是泰亦赤兀惕氏人脱迭格的属民,巴歹、乞失里黑原是也客·扯连的牧马人。如今是朕的股肱,可佩戴弓箭,享受'喝盏'礼遇,自由自在地享乐。"

余大钧译注《蒙古秘史》河北人民出版社 2001 年 367-368 页

恩赐纳牙阿

成吉思汗又对纳牙阿说:"失儿古额秃老人和他的儿子阿剌黑、纳牙阿你们一同把塔儿忽台·乞邻勒秃黑捉住,押送到朕处来时,途中走到忽秃忽勒·讷兀惕地方,纳牙阿说:'咱们怎么能背弃自己的领主把他捉住送去呢?'不忍舍弃,遂把他放走了。失儿古额秃老人与其子阿剌黑、纳牙阿来到朕处时,纳牙阿·必勒只兀儿说:'我们擒住自己的领主塔儿忽台·乞邻勒秃黑送来时,不忍舍弃他,把他放走了。我们来为成吉思汗效力,

【题解】本文记载了1206年成吉思汗恩赐纳牙阿的谕旨。

若擒拿自己的汗送来,就会被认为:擒拿自己领主的人,今后怎么能信任呢?'因为你说不忍舍弃自己的汗,在大道理上想到了不可背弃自己领主的道理,朕深为嘉许,曾说:'可委任一个职务。'"

于是,成吉思汗降旨说:"如今已命孛斡儿出管领右翼万户,赐木合黎以'国王'称号,命他管领左翼万户。如今,就让纳牙阿管领中军万户吧!"

余大钧译注《蒙古秘史》河北人民出版社 2001 年 369 页

恩赐者别和速别额台

成吉思汗又说:"者别、速别额台二人,可各自以其所得到、所收集的百姓,组成千户管领。"

余大钧译注《蒙古秘史》河北人民出版社 2001 年 370 页

【题解】本文记载了1206 年成吉思汗恩赐者别和速别额台的谕旨。

恩赐迭该

成吉思汗又命牧羊者迭该把各处无户籍的百姓收集起来,组成千户管领。

余大钧译注《蒙古秘史》河北人民出版社 2001 年 370 页

【题解】本文记载了1206 年成吉思汗恩赐牧羊者迭该的谕旨。

恩赐古出古儿和木勒合勒忽

又,木匠古出古儿管领的百姓不足,从各处收集百姓。他与札答阑部人木勒合勒忽相得很好。成吉思汗说:"古出古儿、木勒合勒忽二人可共同管领一个千户,互相商量着行事。"

余大钧译注《蒙古秘史》河北人民出版社 2001 年 370 页

【题解】本文记载了1206 年成吉思汗恩赐古出古儿和木勒合勒忽的谕旨。

扩建怯薛军

共同建国、共历艰辛的功臣,被委任为千户长。每一千户编组为一个千户,委派了千户长、百户长、十户长。编组了万户,委任了万户长们。各万户长、千户长中,凡可给予恩赐者,给予了恩赐,颁发了恩赐圣旨。

【题解】本文记载了1206 年成吉思汗扩建怯薛军和招募怯薛军的谕旨。

成吉思汗降旨说：“以前朕只有八十人做宿卫，七十名侍卫做轮番护卫。如今依靠长生天的气力，天地的佑护，平定了全国百姓，都归朕独自统治。如今，可从各千户中挑选人到朕处进入轮番护卫队、侍卫队中。选入的宿卫、箭筒士、侍卫，共满万人。”

成吉思汗又将挑选轮番护卫的旨意，宣谕各千户道：“从万户长、千户长、百户长的儿子和白身人（自由民）的儿子中，挑选有武艺，身体、模样好的人，可到朕处效力的人，进入轮番护卫队。千户长的儿子被选入时，带伴从者（那可儿）十人、其弟一人同来。百户长的儿子被选入时，带伴从者五人、其弟一人同来。十户长的儿子、白身人的儿子被选入时，带伴从者三人、其弟一人同来，从其原居地准备好所骑的马和必需物品前来。来到朕面前效力的千户长的儿子及其伴从者十人，所需之物，应从其所属千户、百户征给；如果他有其父分给的家产，或自己有马匹、人夫，则除其私产外，仍应依照朕的规定从其本千户、百户中征给其余所需之物。百户长的儿子及其伴从者五人，十户长的儿子、白身人的儿子及其伴从者三人，也依此例，除其私产外，从其本百户、十户中征给其余所需之物。千户长、百户长、十户长及众人，听到朕的圣旨而违背者，以有罪论。选为朕的轮番护卫士而躲避者，不愿到朕处效力而以他人代替者，应予惩罚，流放到眼不见的远方。”

成吉思汗又说：“有愿到朕身边效力，愿来朕处学习者，不可阻挡他前来！”

余大钧译注《蒙古秘史》河北人民出版社 2001 年 371—372 页

编宿卫、箭筒士、侍卫千户

依照成吉思汗颁布的圣旨，从各千户中挑选了人，又依照圣旨，从百户长、十户长的儿子中挑选了人。以前有八十名宿卫，如今扩充成了八百名。成吉思汗说：“可在八百名之上，增加到满一千名。”

又降旨说："选入宿卫队者,不得阻拦!"

又降旨说："也客·捏兀邻为宿卫长,掌管千人宿卫队。"

成吉思汗说："以前选取了四百名箭筒士,现由者勒篾的儿子也孙·帖额担任选取的箭筒士的首长,可与秃格的儿子不吉歹一同商量着行事。"

成吉思汗降旨道："箭筒士与侍卫一同轮番进入值班,分为四班:也孙·帖额为一班箭筒士长进入,不吉歹为一班箭筒士长进入,火儿忽答黑为一班箭筒士长进入,剌卜剌合为一班箭筒士长进入。箭筒士与侍卫按各班轮值,箭筒士由上述各班箭筒士长率领轮流入值。箭筒士可增加满一千名,以也孙·帖额为首长。"

成吉思汗降旨说："以前与斡格列·扯儿必一同进入的侍卫,可增加满一千名,由孛斡儿出的亲族斡格列·扯儿必管领。一千名侍卫,由木合黎的亲族不合管领。一千名侍卫,由亦鲁该的亲族阿勒赤歹管领。一千名侍卫,由朵歹·扯儿必管领。一千名侍卫,由多豁勒忽·扯儿必管领。一千名侍卫,由主儿扯歹的亲族察乃管领。一千名侍卫,由阿勒赤的亲族阿忽台管领。一千名侍卫,由阿儿孩·合撒儿管领,由他管领以前选取的勇士们,平时为侍卫,作战时在朕前面站着为勇士。"

从各千户挑选来的侍卫,已达八千名;宿卫、箭筒士也各有一千名。共为一万名轮番护卫士。

成吉思汗降旨道："朕以在朕身边出力的一万名轮番护卫士,做朕的大中军!"

余大钧译注《蒙古秘史》河北人民出版社 2001 年 373—375 页

委派怯薛长官与宣布怯薛纪律

成吉思汗又降旨道："分四班轮值白天班的侍卫,其长官委派如下:不合管领一班轮番护卫士(客失克田、怯薛丹),整治其轮番护卫士入值;阿勒赤歹管领一班轮番护卫士,整治其轮番护卫士入值;朵歹·扯儿必管领一班轮番护卫士,整治其轮番

【题解】本文记载了1206 年成吉思汗下令委派怯薛长官与宣布怯薛纪律的谕旨。

护卫士入值;多豁勒忽·扯儿必管领一班轮番护卫士,整治其轮番护卫士入值。"即已委派了四班的长官(四怯薛长),遂宣布进入值班的圣旨如下:

"进入值班时,一班的长官(怯薛长)亲自点全其值该班的轮番护卫士,进入值班,三天后换另一班。若轮番护卫士中有人误班未到,则误班者应受杖责三下的教训;第二次误班,应受杖责七下的教训。若该人身体无病,又未向该班长(怯薛长)官请假,而第三次误班,应受杖责三十七下的教训;这是该人已不愿为朕效力,当流放远方。各班长官(怯薛长)应再三将圣旨宣谕于轮番护卫士们。若未加宣谕,罪在各班长官。既已宣谕,而仍误班,则罪在误班的轮番护卫上。"

又降旨道:"各班长官(怯薛长)不得倚仗长官地位,未经朕的允许,擅自处罚与尔同等地为朕效力的轮番护卫士。若护卫士有违法者,可禀告于朕,当处斩者,由朕下令处斩,该杖责者,可令其卧倒受杖责。若各班长官倚仗长官地位,擅自动手责打与尔同等地为朕效力的轮番护卫士,以杖打的,就以杖处罚于尔,以拳打的,就以拳处罚于尔。"

余大钧译注《蒙古秘史》河北人民出版社 2001 年 377—378 页

怯薛军的地位

成吉思汗降旨道:"朕的轮番护卫士的地位,高于在外的各千户长;朕的轮番护卫士的牵从马者(阔脱臣)的地位,高于在外的各百户长、十户长。在外的千户长,若想攀比到与朕的轮番护卫士同等地位互相斗殴,则应惩罚该千户长。"

余大钧译注《蒙古秘史》河北人民出版社 2001 年 378 页

怯薛入值制度

成吉思汗又降旨道:"传旨于各班长官(怯薛长):箭筒士们(豁儿臣)、侍卫们(秃儿合兀惕)白天进入值班,各按各自的职务行事,日落之前向宿卫(客卜帖兀勒)交班,出外住宿。宿卫则

【题解】本文记载了 1206 年成吉思汗规定怯薛军地位的谕旨。

【题解】本文记载了 1206 年成吉思汗规定怯薛军入值制度的谕旨。

于朕处值夜。箭筒士把弓箭,司膳(保兀儿臣)把食具交给宿卫后,出外去。在外住宿的箭筒士、侍卫、司膳们,在第二天早晨朕喝肉汤时,先坐在拴马处等候,并通知宿卫准备换班,等朕喝完肉汤后即可进入。箭筒士执其弓箭,侍卫值其岗守,司膳司其膳具,各司其职。各班轮番护卫士均应遵守此制度,依照此例行事。"

又降旨道:"日落之后,若有人穿越宫帐(斡儿朵)前后行走,可逮捕之。宿卫逮捕了他宿下,明晨由宿卫审问。宿卫来换班时,须交验符牌证件(别勒格)方可进入,交班者则交班给宿卫而出去。宿卫夜间卧于宫帐周围。守在宫帐门前的宿卫,若见有人夜间欲闯门而入,可击破其头,砍断其肩。夜间有急事来报告者,应先告知宿卫,与宿卫一同站在宫帐后面报告所要报告的事。无论何人,不得坐在宿卫之前。未得宿卫允许,谁也不准进入宫帐。宿卫跟前,谁也不准行走。谁也不准从宿卫之间穿行,不准探问宿卫人数。在宿卫跟前行走或从宿卫中间穿行者,宿卫可逮捕他。有探问宿卫人数者,宿卫可将那人所骑的马连同鞍、辔和他所穿的衣服一并没收。"

成吉思汗说:"额勒只格歹虽是朕的亲信,夜间在宿卫跟前行走,也被宿卫逮捕了。"

余大钧译注《蒙古秘史》河北人民出版社 2001 年 379—380 页

怯薛赞

成吉思汗降旨说:

"在有云的夜里,
围卧在朕的有天窗的帐庐周围的老宿卫们,
使朕得以安静地睡眠,
使朕得以登临大汗宝座。
在有星的夜里,
围卧在朕的宫帐周围的吉庆的宿卫们,
使朕得以安心睡眠,

【题解】本文记载了成吉思汗对怯薛军功劳的赞誉。

使朕得以登临大汗宝座。

在飘摇的风雪中，

在令人颤抖的严寒中，

在倾泻的大雨中，

站立着未曾稍歇，

在朕的有编壁的帐庐周围守卫着的至诚的宿卫们，

使朕得以心安，

使朕得以登临安乐的宝座。

在汹涌而来的敌群中，

朕的忠诚可靠的宿卫们，

在朕的有地坎的帐庐周围，

不眨眼地保卫着。

朕的桦皮箭筒稍一响动，

朕的动作利索的宿卫们，就马上赶来。

朕的柳木箭筒稍一响动，

朕的健步如飞的宿卫们，就立即赶到。

朕的吉庆的宿卫们，可称为老宿卫！

朕的与斡格列·扯儿必同时编组入队的七十名侍卫，可称为大侍卫！阿儿孩·合撒儿率领的勇士们，可称为老勇士！也孙·帖额、不吉歹等箭筒士，可称为大箭筒士！"

余大钧译注《蒙古秘史》河北人民出版社 2001 年 383 页

【题解】本文记载了成吉思汗对子嗣托付怯薛军未来的谕旨。

给子孙托付怯薛军的未来

成吉思汗说："从九十五个千户中挑选来的朕的一万名贴身私属轮番护卫士，今后朕的继位子孙要世世代代想到他们，如同想到朕遗留的珍宝，不要使他们受任何委屈，要厚待他们。要把朕的一万名轮番护卫士，看作护福之神！"

余大钧译注《蒙古秘史》河北人民出版社 2001 年 384 页

怯薛执事

成吉思汁说："宿卫们照顾宫内女侍官(扯儿宾)、宫女、奴仆(格仑可兀惕、怯怜口)、牧骆驼人、牧牛人,管理宫中帐舆(格儿·帖儿坚),管理纛、鼓、仪枪、器皿。

"宿卫们掌管宫内饮食,掌管肉食乳饮。饮食如有缺乏,可找掌管的宿卫们。箭筒士的饮食,若未得掌管的宿卫们的许可,不准分发饮食。分发饮食时,先分发给宿卫们。

"宿卫掌管出入宫帐之事。门前守卫的宿卫,站立在宫帐贴近处。宿卫二人入内掌守大酒局。

"建立宫帐时,由宿卫中的营盘官(嫩秃兀臣)建立。朕等放鹰围猎时,宿卫与朕等同去放鹰围猎,一部分宿卫留下照看车辆。"

成吉思汗又说："朕不亲自出征,宿卫不得离开朕出征。这是朕的旨意。如果有人违背这条圣旨,嫉妒宿卫而令出征,则管军的扯儿必(近侍官)有罪。

"你们要问不让宿卫出征的理由吗? 因为宿卫是守卫朕的黄金性命的。放鹰围猎时,(他们与朕等)共同辛苦,还让他们掌管宫帐,又是迁移,又是驻扎,还要掌管车辆。他们守卫朕而宿,这事容易吗? 他们掌管帐舆、大营(也客·阿兀鲁黑)的迁移、驻扎,这事容易吗? 有这么多繁杂的事,所以不让他们离朕出征。这就是理由!"

成吉思汗又降旨说："失吉·忽秃忽审判案件时,由宿卫参加听审。由宿卫保管和分发箭筒、衣甲、器械、弓箭。由宿卫在军马上用网索装行李驮载而行。宿卫与女侍官一起掌管、分发缎匹。

"告知箭筒士、侍卫们(迁往的)营地时,也孙·帖额、不吉歹等箭筒士,阿勒赤歹、斡歌列、阿忽台等侍卫,在宫帐的右面走;不合、朵歹·扯儿必、多豁勒忽·扯儿必、察乃等侍卫,在宫帐的左面走;阿儿孩的勇士们在宫帐的前面走。宿卫们驾驭(载)宫帐(的车)、帐舆,在贴近宫帐的左、右两边走。

【题解】本文记载了成吉思汗规定怯薛军执事的谕旨。

"朕委托朵歹·扯儿必经常照顾、管理众多轮番护卫士、侍卫及宫内、宫周围的僮仆、牧马人、牧羊人、牧骆驼人、牧牛人。"

"朵歹·扯儿必可常在宫帐后面(让牛马羊)食碎草，焚烧干粪。"

余大钧译注《蒙古秘史》河北人民出版社 2001 年 385—387 页

恩赐拙赤

成吉思汗恩赐拙赤，降旨道："在朕诸子之中，拙赤你是长子，你初出家门，出征顺利，所到之处，人马无恙，不费力地招降了有福的森林部落。今朕将(这些森林部落)百姓都赐给你。"

余大钧译注《蒙古秘史》河北人民出版社 2001 年 395 页

【题解】1207 年拙赤出征并成功招降林木中百姓，使大蒙古国领土属民增加，而蒙古军队无一伤亡，因此受到成吉思汗的嘉奖。

可汗叫孛斡儿出对扯扯亦坚所说的教训

成吉思可汗把扯扯亦坚·阿该嫁给斡亦剌惕的亦纳勒赤，当迎娶的时候，叫孛斡儿出那颜教训。孛斡儿出那颜就教训说："扯扯亦坚·阿该听着！因为你是你父汗亲生的女儿，就叫你去镇抚斡亦剌惕百姓，扎营在那里。

要早起晚睡！
不要把你婆家的长上见外！
昼夜要一心一意的谨慎。
说话要有智慧，
持身必须贞节，
把学而不成的短处留在家里；
把学好的一切带着前去。
把斡亦剌惕百姓组织起来，
加以管束！"

如此教训了一番。

札奇斯钦著《蒙古黄金史译注》43—44 页

【题解】成吉思汗与卫拉特联姻，将扯扯亦坚·阿该下嫁给斡亦剌惕的亦纳勒赤时叫孛斡儿出那颜教训扯扯亦坚·阿该，本文记载了孛斡儿出那颜按成吉思汗的意思教训扯扯亦坚·阿该的训诫。所以，也可以理解为成吉思汗的训诫。

平息秃马惕部叛乱

（成吉思汗）遂委派朵儿边氏人朵儿伯·多黑申前去,降旨道:"可严整军队,祷告长生天,试着去降服秃马惕百姓吧!"

……豁儿赤被擒的原因是:他按照可到秃马惕部选取三十个美女为妻的圣旨,到秃马惕部去选取女子。于是,以前已投降的（秃马惕部）百姓造反了,把豁儿赤那颜抓了起来。

成吉思汗获悉豁儿赤被秃马惕人擒住,就派熟悉森林部落情况的忽都合前去。忽都合也被擒住。这次降服了秃马惕部后,由于孛罗忽勒牺牲之故,把一百个秃马惕人赐给了（他的家属）。豁儿赤取得了三十个女子。孛脱灰·塔儿浑被赐给了忽都合·别乞。

余大钧译注《蒙古秘史》河北人民出版社 2001 年 398-399 页

家族分封与委派官员

成吉思汗降旨,把百姓分给母亲、诸子、诸弟。在分给时,他说:"艰辛地收集百姓,有朕的母亲。在朕的诸子之中,长子是术赤。在朕的诸弟之中,幼弟是斡惕赤斤。"

于是,分给母亲、斡惕赤斤（共）一万户百姓。母亲嫌少,没作声。分给拙赤九千户百姓,分给察阿歹八千户百姓,分给斡歌歹五千户百姓,分给拖雷五千户百姓,分给合撒儿四千户百姓,分给阿勒赤歹二千户百姓,分给别勒古台一千五百户百姓。

（成吉思汗）因答里台曾降附于客列亦惕人,想把他流放到眼不见的地方去。孛斡儿出、木合黎、失吉·忽秃忽三人说:"这样做如同自灭灶火,自毁其家。您贤父的遗念,只剩您的叔父了。怎么忍心抛弃他呢?他这个人是不懂事,但算了吧,就让他住在您贤父幼时所居的营地上,升起灶火的烟吧。"

三人说得舌敝唇焦,成吉思汗念及自己的贤父,这才听从孛斡儿出、木合黎、失吉·忽秃忽三人的劝告,说:"好吧,就那样吧。"遂息了怒,平静下来。

（成吉思汗）分给母亲、斡惕赤斤一万户百姓,从那颜中把古

【题解】本文记载了 1217 年成吉思汗派兵平息秃马惕部叛乱时的谕旨和平息后的安排。

【题解】本文记载了建立大蒙古国后成吉思汗分封家族成员以及给他们委派僚属的谕旨。

出、阔阔出、种赛、豁儿合孙四人委派给他们(以辅佐他们)。把忽难、蒙客兀儿、客帖三人委派给了拙赤。把合剌察儿、蒙客、亦多忽歹三人委派给了察阿歹。

成吉思汗降旨道:"察阿歹为人暴烈,让性行仔细的阔阔搠思早晚在他身边,把你想到的说给他听吧。"

余大钧译注《蒙古秘史》河北人民出版社 2001 年 400-402 页

【题解】本文记载了成吉思汗分封拙赤和察合台时的教诲。

成吉思可汗对拙赤及察阿歹的分封与教训

有洪福的圣成吉思可汗遣其子拙赤出镇乞卜察兀惕,察阿歹驻撒儿塔兀勒人之地。可汗叫他的两个儿子拙赤、察阿歹前去驻守的时候,降上谕教训他们说:

"我不是要把你们分出去,

派到自己以外的国里,

乃是好意分封你们,

去管理我所占领的,

镇抚我所得来的。

开疆拓土,

辅佐社稷,

成为我连栋的房舍,

连肢的身体。

怎能说已由家里分出,就生离怨的心呵;

其实仍是住在老家的右舍,互通音问。

怎能说已从老群分出,就要各行其是呵;

其实更须团结一致,才合马群的性格。

我的子子孙孙们啊!

兄弟之间,务要和谐,

为我前驱冲破敌阵!

呐喊呼唤,务必谨慎,

前驱冲过几重海洋!

彼此邀请,你们如何互相援助!

高声呼唤,你们岂能不相团结!

举帽相招,你们怎能望而不救!

彼此住在遥远的地方,

你们还争谁是谁非吗?

争论的时候要多多思虑!

彼此住在远隔高山的地方,

你们还说谁是谁非吗?

各要互相支持,团结,和睦!

叫伟大的国家人民,都按着智慧和社稷的道理去做!

立下好名誉,正是你们首务之急!"

如此降下了圣谕。

札奇斯钦著《蒙古黄金史译注》78—80 页

赞博尔术教诸子

皇子察哈歹出镇西域,有旨从博尔术受教,博尔术教以人生经涉险阻,必获善地,所过无轻舍止。太祖谓皇子曰:"朕之教汝,亦不逾是。"

《元史·博尔术传》中华书局 1976 年 2946 页

【题解】成吉思汗将派次子察合台出镇西域时,令受教于博尔术,博尔术悉心教以人生经验。成吉思汗非常赞同。

对拙赤的教训

成吉思可汗叫拙赤哥哥出镇乞卜察兀惕人的时候,叫孛斡儿出那颜教训他。孛斡儿出就说:"拙赤亲王听着! 你的可汗父亲叫你出镇土地广阔的外邦百姓,你要谨慎!

觉得有不能越过的山岭,

不要想我怎能过得去呢?

若想没有什么不能越过的,

那就定能越过它去。

若能毫不畏缩的去攀登,

那么山前的声色,岂不都现成的摆在你面前么?

【题解】本文记载了孛斡儿出那颜按照成吉思汗的意思教训拙赤的训诫,得到成吉思汗的赞许。所以,也可以理解为成吉思汗的训诫。

觉得有不能横渡的江河,

不要想我怎能过得去呢?

若想没有不能横渡的,

那就必定能渡过它去。

若能丝毫不紊的去横渡,

彼岸的车马,岂不都现成的摆在你面前么!"

经这样教训之后,拙赤哥哥说:"有洪福的汗父请你教训我,我以为你必是要叫我去到未曾到过的百姓,征伐未曾征服的人民,去开拓疆土呢,可是你说管理现成的百姓,料理做好的饮食,这是什么意思?"

成吉思可汗说:"如不能治理部分的百姓,焉能建立邦家?善于分配食物的司厨,不使前来聚会的百姓落后,不叫在宴会中的人们感觉缺乏,回去吃自己所预备的食物。治理一个大国,正像这样料理做好的现成食物。孛斡儿出的话很对!"

札奇斯钦著《蒙古黄金史译注》80—82 页

分封诸子时所说的训诫

成吉思可汗又降上谕说:

"父子的情义是什么?

我似乎不应当把你派到这么远去。

这是叫你去住在那里,

占领我所占领的,

保守我所保守的!

成为我相连的房舍,

连体的身躯!

注意维护正义!

切勿破坏和平!

切莫割裂统一!

小心谨慎,

做我观看的眼目,

【题解】这是成吉思汗分封诸子时的教诲。该箴言一定程度上反映了大蒙古国分封制度的实质。

察听的耳朵!

你如能这样去做,

才是我生儿子的益处!"

札奇斯钦著《蒙古黄金史译注》82—83 页

成吉思可汗派遣忽难那颜驻扎斡儿速惕和薛儿客速惕时,君臣间的对话

成吉思可汗又在遣忽难那颜前往斡儿速惕和薛儿客速惕人之地时,降上谕恩赐他说:

"忽难,当我在浓雾之中,

你从不使我迷途;

为我出力直到了你须发苍白。

当我无水可饮,

你从不叫我口渴;

为我出力直到了你须发苍白。

按命运你是主格阑哥哥的子嗣,

按行列你是拙赤右边的木筏。

不要想曾把鳣鱼射穿而自大;

不要因他人不肯听从而自卑!

在立起帐棚的时候,

你要当它主要的墙壁。

在迎杀群敌的时候,

你要当那主要的将领。"

在忽难那颜向成吉思可汗辞别的时候,他很感激的说:

"因为追随可汗哥哥所指示的方向,

所以在浓雾中不致迷途,

无水时才不致口渴。

如今百姓有吃的,

国民有喝的,

又给我八千百姓,

【题解】本文记载了成吉思汗派遣忽难那颜驻扎斡儿速惕和薛儿客速惕时,成吉思汗与忽难那颜间的对话。

叫我镇抚广袤。

我必不使国人的食物匮乏,

不为百姓的酒类所沉醉。

愿您金心得安。

一切但凭我可汗哥哥的圣聪引导!

小心谨慎,为您效劳!"

札奇斯钦著《蒙古黄金史译注》83—85 页

【题解】本文记载了成吉思汗派遣蒙格秃勇士出发时的敕语。

成吉思可汗派遣蒙格秃勇士出发时的敕语

成吉思汗又在派遣蒙格秃勇士出发的时候,降上谕恩赐他说:

"我□□□□的弟弟忽难离开我们,

到达戍所之后,派人来上奏,

说:'我想起哥哥就觉得头发冷,

肝发热,

胯骨发沉重一般!'

"蒙格秃,

我捉捕骏马的套马杆,

我要用你了。

好好的出力吧!

戴破你染泥的帽子,

伸出你铁打的马镫,

你去走遍天下,

苍天指示途径。

横断洋海,你要声息相通;

冲碎岩石,你要呐喊持重!

袖子断了,衣襟破了,

你也照样前进!

把'怯磷口'的一部分,

送回后方来!"

札奇斯钦著《蒙古黄金史译注》86—88 页

成吉思可汗对长子拙赤的另一段训示

成吉思可汗又训示我的哥哥拙赤说:

"不可罔自尊大!

受到言语的磨练,

自然成为贤者。

经过刀枪的磨练,

就能成为勇士。

那才称得起聪明。

心志要专一!

不要喝葡萄酒!

东与西相距遥远!

如果认对方是敌人,

那距离便永远如此了。

倘或意见不一,

就应当大家聚到一起,

诚心诚意的,

在那里商量商量!"

派人去如此把拙赤教训了一番。

札奇斯钦著《蒙古黄金史译注》88—89 页

【题解】本文记载了成吉思汗教诲拙赤的训诫。

斡惕赤斤那颜禀奏成吉思汗

当宴会终了之后,斡惕赤斤那颜离别的时候,他很感佩的对圣成吉思汗奏禀说:

"追随着我的可汗哥哥,

充当你囊中的利箭,刹那之间也不落后,

充为你准备的从马,砍杀之际从不踌躇。

向敌冲杀之前,我们共同放马吃草;

迂回而上之前,我们共同放马饮水;

围猎苍狼的时候,我们共同围猎;

【题解】本文记载了斡惕赤斤那颜的禀奏,禀奏表达了成吉思汗团结一心的思想和奋斗历程。

狩猎黄狐的时候,我们一齐狩猎;

我们那般一致的行动,才镇抚了万邦万民!"

札奇斯钦著《蒙古黄金史译注》54 页

豁阿·薛禅向可汗末弟
斡惕赤斤那颜讲治国的要领

斡惕赤斤那颜向成吉思可汗话别。出来之后,就问忙忽惕氏的豁阿·薛禅说:"我如今受分封离开了可汗哥哥,请问可汗治国之道是什么?"

豁阿·薛禅说:"你问的有理,可汗治国的道理是像太阳一般的无差别,像湖泽一般的能容物。其真正意思三天也不容易弄明白。"

斡惕赤斤那颜说:"豁阿哥哥,你这话的意思,我不明白是什么话?"

豁阿·薛禅说:"我说可汗要像太阳一般无差别,就是说太阳升出来对于好的、坏的、活的、死的,都一律平等的,送出它的光和热。可汗若是存心这样的平等,国民怎能不满意呢?我说要像湖泽一样的能容物,就是说无论好的、坏的都进入湖水之中,好坏畜类都进去饮水,且把湖水弄脏,湖泽却毫不介意的,把它们都容纳起来。做可汗的人也要那样存心宽大,听到好话、坏话之后,就以真诚来察听它的真伪,不采纳有意挑拨破坏的话。公公平平的听取各种意见,这样伟大的国家怎会破裂呢?"

斡惕赤斤那颜对忙忽惕氏的豁阿·薛禅说:

"用冰冻的枯树枝拨火,

能把熊熊的青焰弄灭;

将国事委托给不足信靠的人,

整个国家都要吃苦。

用有水的枯树枝拨火,

能把炽炽的火焰弄灭;

将国事托给器量狭小的人,

国家人民全遭伤害！"

《札奇斯钦著《蒙古黄金史译注》56—57 页

念别里古台与哈撒儿勋劳

帝尝曰："有别里古台之力,哈撒儿之射,此朕之所以取天下也。"

《元史·别里古台传》中华书局 1976 年 2905 页

【题解】成吉思汗同母弟哈撒儿和异母弟别勒古台在蒙古国建立过程中多著勋劳,成吉思汗的这段话肯定了他们的功劳。

帖卜·腾格理

晃豁坛氏人蒙力克父亲有七个儿子。七人之中的第四子为阔阔出·帖卜·腾格理。那七个晃豁坛氏人互相祖护着,殴打了合撒儿。合撒儿去跪告于成吉思汗,说："我被晃豁坛氏七人互相祖护着殴打了。"

成吉思汗听他来诉说时,正在因为别的事发怒,在怒火中对合撒儿说："你不是自称为无敌于天下吗? 怎么会被他们打败了呢?"合撒儿流着泪出去了,对成吉思汗颇为不满,三天没来见他。

那时,帖卜·腾格理对成吉思汗说："长生天有旨,宣示(谁应当)为汗的神谕:一次命帖木真执掌国政,一次命合撒儿执掌国政,如果不及早对合撒儿下手,今后会怎么样就不知道了。"

成吉思汗就连夜上马去逮捕合撒儿。古出、阔阔出二人去报告(诃额仑)母亲说："已经去捉拿合撒儿了!"(诃额仑)母亲得知后,当夜立即用白骆驼驾着幌车,连夜赶去。(第二天清晨)太阳刚出来时,赶到了(现场)。当时成吉思汗正在审问合撒儿,合撒儿被绑住双袖,去掉了冠、带。成吉思汗见母亲来了,大吃一惊,对母亲很畏惧。(诃额仑)母亲怒气冲冲地下了车,亲手为合撒儿解绑,将冠、带还给了他。(诃额仑)母亲怒不可遏地

【题解】本文记载了成吉思汗处决帖卜·腾格理,以及该事件当中及其前后的言论。

盘腿而坐,露出双乳,垂于双膝之上,说道:"你看见了没有?这就是你们所吃的奶。你这个呲牙吼叫追逐着、自吃胞衣、自断脐带的狗仔子,合撒儿有什么罪?帖木真能吃尽我的一只奶,合赤温、斡惕赤斤两人不能吃尽我的一只奶,只有合撒儿能吃尽我的两只奶,使我胸怀宽畅。因此,我的有能力的帖木真,他的能力在于心胸,而我的合撒儿有力气,能射,射得他们陆续来投降,远射出去,使惊走的人前来投降。如今,已经讨平了敌人,你眼里就容不得合撒儿了!"

等到母亲怒气平息后,成吉思汗说:"受到母亲的怒责,儿子很害怕,很惭愧,儿子先回去了。"(成吉思汗)遂回去了。(但他对合撒儿仍心存戒意,)他背着母亲,暗中夺取了(分给)合撒儿的(大部分)百姓,只给合撒儿(剩下)一千四百户百姓。(诃额仑)母亲知道这件事后,心里忧闷,不久就去世了。(委派给合撒儿的)札剌亦儿人者卜客惊惧地逃到巴儿忽真地方去了。

其后,九种语言的百姓都聚集到帖卜·腾格理那里。聚集在帖卜·腾格理处的人,比聚集在成吉思汗拴马处的人还要多。那么多人聚集在那里,帖木格·斡惕赤斤所属百姓也(有一部分人)到帖卜·腾格理处去了。斡惕赤斤那颜派遣他的名叫莎豁儿的使者去讨还到那里去的自己的百姓。帖卜·腾格理对莎豁儿说:

"且看斡惕赤斤还有第二个使者来吗?"说着,打了使者莎豁儿,让他背着鞍子步行,把他赶回去了。斡惕赤斤因其使者莎豁儿被打,背着鞍子步行着被赶回来,第二天早晨便亲自到帖卜·腾格理处去,说:"我派遣使者莎豁儿来,被打了,步行着被赶回去了。如今我来讨还自己的百姓。"晃豁坛氏(兄弟)七人一拥而上,从各方面包围住了斡惕赤斤,向他(质问)道:"你派你的使者莎豁儿来,这是对的吗?"说着,要抓住他打。斡惕赤斤那颜害了怕,说:"我不应该派遣使者来。"晃豁坛氏(兄弟)七人说:"既然知道不应该,那就跪下来悔过!"遂让他跪在帖卜·腾格理的后面。这样,斡惕赤斤没能把自己的百姓要回来。

第二天早晨,成吉思汗还在被窝里没起来时,斡惕赤斤进去跪着哭诉道:"九种语言的百姓都聚集在帖卜·腾格理处,我派使者沙豁儿到帖卜·腾格理处去讨还我的百姓。我的使者莎豁儿挨了打,被迫背着鞍子徒步回来。我亲自去讨,被晃豁坛氏(兄弟)七人从各方面围住,迫使我悔过,跪在帖卜·腾格理后面。"说罢,痛哭起来。

成吉思汗还没说话,孛儿帖夫人从被窝里坐起,手拉被子掩住胸部,看见斡惕赤斤痛哭,她掉下眼泪来,说:"他们晃豁坛氏人在干什么? 以前他们合伙殴打了合撒儿。现在为什么又迫使斡惕赤斤跪在他的后面? 这是什么道理? 如今就已经这样欺侮你的如桧、松般(正直)的弟弟们,说真的,久后,

> 你那大树般的身体突然倒下时,
>
> 你的织麻般团结起来的百姓,
>
> 让谁来掌管呢?
>
> 你那柱石般的身体倾倒时,
>
> 你的如群雀的百姓,
>
> 让谁来掌管呢?
>
> 你的如桧、松般(正直)的兄弟,
>
> 尚且被那些人如此暗害;
>
> 我那三、四个幼弱儿子,
>
> (那些人)还能等他们长大起来,
>
> 让他们作主吗?

那些晃豁坛氏人在干什么? 你为什么眼看着他们欺侮自己的弟弟而不闻不问?"孛儿帖夫人边说边哭泣,泪流满面。

成吉思汗听了孛儿帖夫人泣诉的这番话,就对斡惕赤斤说:"帖卜·腾格理今天要来,我就听凭你去处置他吧!"斡惕赤斤遵命起身,拭去眼泪走了出去,找来三个力士蓄势以待。没多久,蒙力克父亲和他的七个儿子一起来了。他们都进入帐内。帖卜·腾格理刚在酒局的右边坐下,斡惕赤斤就揪住他的衣领说:"你昨天让我悔过,我如今与你比试。"于是揪着帖卜·腾格

理的衣领向门口拖去,帖卜·腾格理也迟手揪住斡惕赤斤的衣领,两人互相搏斗起来。互相搏斗间,帖卜·腾格理的帽子落到了炉灶上,蒙力克父亲拾起帽子,嗅了嗅后放进了怀里。

成吉思汗说:"出去比赛勇力吧!"斡惕赤斤拖着帖卜·腾格理往外走,预先准备好的站在门口的三个力士迎了上来,捉住帖卜·腾格理,把他拖出去,折断了他的腰,抛弃在东边车群的一端。斡惕赤斤走进帐内说:"帖卜·腾格理(昨天)逼我悔过,今天我说与他比赛,他却不肯赛,如今耍赖躺在地上不肯起来,真没用!"蒙力克父亲觉察到了(自己的儿子已死),他掉下眼泪来,(对成吉思汗)说道:

"当大地还像土块那样大,

江海还像小溪时,

我就已经与你做伴了!"

话音刚落,他的儿子晃豁坛氏六人就把门堵住,围住炉灶而立,挽起袖子(要动手)。

成吉思汗见势头不对,惊叫道:"躲开!让我出去!"他刚走出帐外,箭筒士、侍卫们就围绕在他周围,列阵(保护他)。成吉思汗看见了被折断腰、抛弃在车群一端的帖卜·腾格理(尸体),就命人从后面取来一座青帐,覆盖在帖卜·腾格理(的尸体)上。然后,他下令驾车起营,迁移到别的地方去了。

遮盖帖卜·腾格理尸体的(青)帐的天窗是盖住的,门是关闭的,并派人看守。到第三天将破晓时,(青)帐的天窗已经开了,(帖卜·腾格理的)尸体不见了。

成吉思汗说:"帖卜·腾格理用手、脚打了朕的弟弟们,又用无稽之言离间朕与朕的弟弟们,因此上天不佑护他,把他的性命和身体都取走了。"

成吉思汗责备蒙力克父亲说:"你不劝诫你的儿子的毛病,他想与我同样地掌握大权,所以他帖卜·腾格理就丢掉了性命!如果早知道你们这副德性,早就把你们像札木合、阿勒坛、忽察儿等人那样地处置了!"

责备了蒙力克父亲后,(成吉思汗)说:"(朕曾答允你九次犯罪不罚,)如果朝令夕改,不免遭人耻笑,因为有言在先,朕遵守前言不罚你。"

遂降恩(于蒙力克),息怒了。又说道:"如果早就能在行为上保持谨慎,谁能比得上蒙力克父亲的家族呢?"帖卜·腾格理死后,晃豁坛氏的气焰消散了。

余大钧译注《蒙古秘史》河北人民出版社 2001 年 404—412 页

指定继承人

其后,成吉思汗派往回回国的兀忽纳等一百名使者被截留杀死。成吉思汗说:"怎么能让回回国人切断我们的金縻绳?咱们要为咱们的兀忽纳等一百名使者报仇雪冤,出征回回国!"正要上马出征时,也遂妃子向成吉思汗进奏说:

"大汗您,

越高山,

渡大河,

长途远征,

只想平定诸国。

但有生之物皆无常,

一旦您大树般的身体突然倾倒,

您那织麻般团结起来的百姓,

交给谁掌管?

一旦您柱石般的身体突然倾倒,

您那雀群般的百姓,

交给谁掌管?

您所生的杰出的四子中,

您托付给谁?

这事该让诸子、诸弟、众多下民、后妃们知道。

谨奏告所思及之言,

请大汗降旨。"

【题解】本文记载了成吉思汗出征花剌子模国前指定接班人时的事件和可汗与诸子之间的对话。

成吉思汗降旨说："也遂虽是妃子，但她说的话很对。弟弟们、儿子们，孛斡儿出和木合黎，你们谁也没有提出过这样的话。而朕因为不是继承祖先的汗位，（是自己打的天下，）竟没有想到（确定继位人）。朕还没有遭遇到死亡，竟忘了老死这个事。儿子们之中，拙赤你是长子，你怎么说？你说吧。"拙赤尚未开口，察阿歹先说道："父汗让拙赤说话，莫不是要传位给他？我们怎能让这篾儿乞惕野种管治？"察阿歹正说着这话时，拙赤起来揪住察阿歹的衣领说："我从未听到父汗有什么对我另眼相看的话，你怎么能把我当作外人？你有什么本领胜过我，你只不过脾气暴躁而已。我同你比赛远射，如果我败于你，我就割断拇指扔掉！我同你比赛摔跤，如果我败于你，我就倒在地上永远不起来！（儿臣）愿听父汗圣裁。"拙赤、察阿歹两人互相揪住衣领，相持不下。孛斡儿出拉住拙赤的手，木合黎拉住察阿歹的手。成吉思汗听着，默默无言地坐着。站在东厢的阔阔搠思说道："察阿歹，你为什么这么急躁？你父汗在他的儿子之中，指望着你啊！你们出生之前，

> 有星的天空旋转，
> 诸部落混战，
> 没有人进入自己的卧室，
> 都去互相抢劫。
> 有草皮的大地翻转，
> 诸部落纷战，
> 没有人睡进自己的被窝，
> 都去互相攻杀。
> 那时，你母亲不是（与篾儿乞惕人）有意相思而做出的，
> 而是不幸的遭遇所造成的；
> 并非偷偷摸摸干的，是战争环境造成的；
> 并非相爱而做出的，而是在战争中造成的无可奈何的事。
> 察阿歹，你怎么可以胡言乱语，
> 使你贤明的母后寒心？

你们都是从她腹中所生下的孩子，

你们是一母同胞兄弟。

你不可以责怪热爱你的母亲，使她伤心；

你不可以抱怨你的生身之母，指责她所悔恨的事。

当你父汗创建这个国家时，

你母亲与他同历艰辛。

他们同生死，共命运，从来没有三心二意。

他们以衣袖为枕，

衣襟为巾，

涎水为饮，

牙缝中肉为食。

额上的汗直流到脚底，

脚底的汗直冒上额头，

小心谨慎地向前走。

你母亲紧裹固姑冠，

严束其衣带，

忍饥挨饿地养育你们。

从你们不会走路时开始，

把你们养育长大，

使你们成为男子汉，

希望你们上进。

贤后之心，

如日之明，

如海之宽。"

　　成吉思汗降旨说："怎么可以这样说拙赤呢？拙赤不是朕的长子吗？以后不可以说这种话！"察阿歹听了成吉思汗的话，笑着说："拙赤的气力、本领，就不用说了。父汗的长子，是拙赤和我两人。我们愿一起为父汗效力，谁如果躲避，大家一起把他劈开，谁如果落后，大家一起砍断他的脚后跟。斡歌歹敦厚，我们大家都推举他吧。可让他在父汗身边，接受继位者的教育。"

成吉思汗听了后,说:"拙赤你怎么说?你说吧。"拙赤说:"察阿歹已经说了。我和察阿歹二人,愿一起效力,我们都推举斡歌歹。"

成吉思汗降旨说:"你们何必一起效力?世界广大,江河很多。可以分封给你们地域广阔之国,让你们各自去镇守。拙赤、察阿歹二人要履行诺言,不可让百姓耻笑。以前阿勒坛、忽察儿二人也曾立下过这种誓约,但他们没能履行,后来他们遭受到了什么?如今把他们二人的子孙分给你们,可以作为殷鉴!"

成吉思汗又说:"斡歌歹你怎么说?你说吧。"斡歌歹说:"父汗降恩让我说话,我能说什么呢?我能说自己不行吗?今后我尽自己的能力去做吧!""但是如果今后我的子孙中出了,

尽管裹上草,

牛也不吃,

裹上油脂,

狗也不吃的不肖子孙,

出了麋鹿敢在他面前穿越,

老鼠敢跟在后面走的无能子孙,

那又怎么办?

我就说这些了,别的也没什么可说的了。"

成吉思汗说:"斡歌歹说的话是对的。"又说:"拖雷你怎么说?你说吧。"拖雷说:

"我愿在父汗指定继位的兄长身边,

把他忘记的事告诉他,

在他睡着时叫醒他。

作应声的伴从者,

做策马的长鞭。

应声不落后,

前进不落伍。

我愿为他长途远征,

愿为他短兵搏战。"

成吉思汗说："你说得很好。"遂降旨说："合撒儿的子孙让一个人(继承)掌管,阿勒赤歹、斡惕赤斤、别勒古台的子孙都让一个人(继承)掌管。朕的子孙也让一个人(继承)掌管。大家如果不违背朕的旨意,不毁掉朕的旨意,你们就不会有过错,不会有过失。"又说:

　　"斡歌歹的子孙中如果出了

　　即便裹上草,

　　牛也不吃,

　　即便裹上油脂,

　　狗也不吃的不肖子孙,

　　难道朕的子孙中连一个好的也不会有吗?"

余大钧译注《蒙古秘史》河北人民出版社 2001 年 431-437 页

谕也不坚歹

孛秃,亦乞列思氏,善骑射。 太祖尝潜遣术儿彻丹出使,至也儿古纳河。孛秃知其为帝所遣,值日暮,因留止宿,杀羊以享之。术儿彻丹马疲乏,复假以良马。及还,孛秃待之有加。术儿彻丹具以白帝,帝大喜,许妻以皇妹帖木伦。孛秃宗族乃遣也不坚歹等诣太祖,因致言曰:"臣闻威德所加,若云开见日,春风解冻,喜不自胜。"帝问:"孛秃孳畜几何?"也不坚歹对曰:"有马三十匹,请以马之半为聘礼。"帝怒曰:"婚姻而论财,殆若商贾矣。昔人有言,同心实难,朕方欲取天下,汝亦乞列思之民,从孛秃效忠于我可也,何以财为!"竟以皇妹妻之。

《元史·孛秃传》中华书局 1976 年 2921 页

谕弘吉剌部世为姻娅

成吉思汗曾有旨,说弘吉剌部:"生女为后,生男尚公主,世世不绝。"有元一代,如同成吉思汗训言,弘吉剌部与黄金家族结为姻娅,没有断绝。

《元史·后妃一》中华书局 1976 年 2869 页

【题解】成吉思汗曾许诺将皇妹帖木伦嫁予亦乞列思部孛秃。此为事情的始末。

【题解】这段文字记载了成吉思汗有关弘吉剌部与皇家世为姻娅的谕旨。

与西方诸国接触时的言论

命忽必来那颜出征合儿鲁兀惕

（成吉思汗）命忽必来那颜出征合儿鲁兀惕人。合儿鲁兀惕人的阿儿思阑汗投降了忽必来。忽必来那颜带着阿儿思阑汗前来觐见成吉思汗。成吉思汗因阿儿思阑汗不战而降,给予恩赐,降旨把女子赐嫁给他。

余大钧译注《蒙古秘史》河北人民出版社 2001 年 388 页

【题解】本文记载了成吉思汗于 1210 年派忽必来那颜出征合儿鲁兀惕人的谕旨,以及合儿鲁兀惕部的阿儿思阑汗投降并前来觐见成吉思汗的历史事件。

教训阿剌合·别乞的故事

可汗遣忽必来那颜征合儿鲁兀惕部,其汗阿儿思阑不战而降。忽必来带他来谒见,可汗因他不战来归,大加恩赐,且把女儿下嫁给他。 在阿剌合·别乞出嫁,将被迎娶的时候,圣成吉思可汗降上谕,教训她说:

"要立志去做我的一只脚;

出征的时候做我的倚靠;

驰骋的时候做我的良驹!

还要记住,

身体是暂短的;

名誉是永存的!

没有一个好友,比自己一颗聪明、智慧的心更好;

没有一个恶敌,比自己忿怒、歪曲、毒恶的心还坏!

可以信赖的虽多,总不比自己的身体更可靠;

称为心腹的虽多,总不比自己的良心更可亲;

【题解】本文记载了成吉思汗把女儿阿剌合·别乞下嫁给阿儿思阑汗时下达的谕旨。这里表达了成吉思汗的人生观和政治观。

值得爱惜的虽多,总不比自己的生命还宝贵!

洁身自好,自然性习良好;

注意学习,必定永远成功。

谨慎坚定,

无所畏惧!

这些,你都要小心谨守啊!"

如此训示了一番。

札奇斯钦著《蒙古黄金史译注》40—42 页

恩赐畏兀儿亦都护

【题解】1211 年哈拉火州畏兀儿首领亦都护前来觐见成吉思汗,正式归顺大蒙古国,受到成吉思汗的赏赐。此为成吉思汗对亦都护的答复。

畏兀儿的亦都护派遣使臣来见成吉思汗,命其使臣阿惕乞剌黑、答儿伯两人(向成吉思汗)奏告说:"如云开见日,冰消河清,听到成吉思汗的名声,臣高兴已极! 若蒙成吉思汗恩赐,臣愿得金带的扣子、大红衣服的碎片,做您的第五个儿子,为您效力!"

成吉思汗听了他的话后,派人恩赐答复说:"朕把女儿赐嫁给你,让你做朕的第五个儿子,亦都护你把金、银、珍珠、东珠、金缎、浑金缎等缎匹送来吧!"亦都护喜获恩赐,带着金、银、珍珠、东珠,金缎、浑金缎等缎匹前来觐见成吉思汗。

成吉思汗降恩于亦都护,把(自己的女儿)阿勒阿勒屯赐嫁给了他。

余大钧译注《蒙古秘史》河北人民出版社 2001 年 390—391 页

成吉思汗下诏亦都护

【题解】本文记载了成吉思汗于 1211 年对亦都护下达的谕旨。

成吉思汗下诏敕曰:"如果亦都护真诚 [为我们] 效忠,可让他亲自从他的财产和帑藏中拿出一些东西来进贡。"

拉施特《史集》第一卷第二分册余大钧、周建奇译

商务印书馆 1992 年 212 页

成吉思汗下诏亦都护

成吉思汗明白他的意思是要求[娶自己的]女儿,遂说道："我把女儿给[他],让他做[我的]五儿吧。"

拉施特《史集》第一卷第二分册余大钧、周建奇译

商务印书馆 1992 年 226 页

【题解】本文记载了成吉思汗于 1211 年对亦都护下达的谕旨。

可汗教训阿勒·阿勒屯·别乞的故事

当畏兀惕的亦都兀惕迎娶阿勒·阿勒屯·别乞的时候,成吉思可汗降上谕说:

"有福之人有三个丈夫,

是那三个丈夫呢?

第一,国家是丈夫。

其次,名誉是丈夫。

再其次,娶你的是你的丈夫。

所谓三个丈夫就是如此。

如果能把国家作为丈夫,小心谨守,

自然就得到了第二个丈夫——名誉。

如果能把名誉作为丈夫,好好保守,

那么娶你的那个丈夫还能够离开你到遥远的地方去吗?"

札奇斯钦著《蒙古黄金史译注》42-43 页

【题解】这段文字记载了成吉思汗把女儿阿勒·阿勒屯·别乞下嫁给畏兀惕亦都兀惕时下达的谕旨。这里表达了成吉思汗的政治观、名誉观和人生观。

与花剌子模通商

所以成吉思汗在大道上设置守卫(他们称之为哈剌赤)并颁布一条札撒:凡进入他的国土内的商人,应一律发给凭照,而值得汗受纳的货物,应连同物主一起遣送给汗。当这班商人抵达边境时,哈剌赤看中巴勒乞黑的织品和别的货物,就送他去见汗。打开和摆出他的货物后,巴勒乞黑对他最多用十个或二十个的那购进的织品,竟索价三个金巴里失。成吉思汗对他的吹嘘很震怒,嚷道:"这家伙是否认为我们这儿

【题解】1215 年成吉思汗会晤了花剌子模使团并表达了建立友好关系和通商的愿望。成吉思汗派遣的使团于 1218 年抵达花剌子模国。

从前根本没来过织品？"……然后,成吉思汗给算端致以如下的使信:"你邦的商人已至我处,今将他们遣归,情况你即将获悉。我们也派出一队商旅,随他们前往你邦,以购买你方的珍宝;从今后,因我等之间关系和情谊的发展,那仇怨的脓疮可以挤除,骚乱反侧的毒计可以洗净。"

志费尼著《世界征服者史》何高济译

内蒙古人民出版社 1981 年 90-91 页

与花剌子模建立贸易关系

花剌子模王在位的晚年,居民过着最美满的繁荣和太平[日子]。战火熄灭了,路上的盗贼、匪徒肃清了,一群群商人到可能获取利润的任何边陲地区去。由于蒙古部落是游牧民,远离城市,他们十分珍视各种织物和垫子,关于同他们通商可以赚钱的消息便远播开去了。……花剌子模商人便来蒙古贸易。……来蒙古贸易的三个不花剌商人被带到成吉思汗处。他们随意抬高物价。

成吉思汗对他的欺骗动了怒,他说:"这个人以为我们这里从来没有来过织物!"

成吉思汗命马合木·花剌子迷、阿里·火者·不花里及玉速甫·坚客·讹答剌里担任使者同那些商人一起动身,派他们去告诉花剌子模 – 沙说:"贵国商人来到了我们这里,现在正如你们所听到的,我们又将他们遣回来了。此外,我们还派了一些商人跟着他们到贵国来,想将贵国的珍品和当地出产的珍贵织物运到我国来。您的家族的伟大和姓氏的高贵是尽人皆知的!大多数地区上的平民、贵族全都知道您的国土的辽阔和您的命令的威力。您是我的爱子和最好的穆斯林。现在,当您清除了敌人,将同我们邻接的地区全部占领和征服后,我们两国就成了邻国,为了在两国沟通协作一致的道路,要求我们拿出高尚明达的态度来,担负起患难相助的义务,将两国之间的道路安全地维护好,避免发生险情,以使因频繁的贸易往来而关系到世界福利

【题解】1215 年成吉思汗会晤了花剌子模使团并表达了建立友好关系和通商的愿望。成吉思汗派遣的使团于 1218 年抵达花剌子模国。

的商人们得以安然通过。当我们之间建立起亲睦关系以后，就没有人动坏念头了，也没有人支持纷争和叛乱了！"

拉施特《史集》第一卷第二分册余大钧、周建奇译

商务印书馆 1992 年 257-259 页

成吉思汗宣誓远征萨尔塔黑臣

在这种狂热中，成吉思汗独自登上一个山头，脱去帽子，以脸朝地，祈祷了三天三夜，说："我非这场灾祸的挑起者，赐我力量去复仇吧。"于是他下山来，策划行动，准备战争。

志费尼著《世界征服者史》何高济译

内蒙古人民出版社 1981 年 93 页

【题解】1218 年春讹答剌城市长官亦纳勒出黑海儿汗杀死成吉思汗商队，没收商队财物，制造了讹答剌惨案。成吉思汗听到消息，怒不可遏，上山祭天，发誓要征伐花剌子模。

向萨尔塔兀勒宣战

屈出律和脱黑脱罕的骚乱平息后，成吉思汗无需再忧虑他们，这时他整饬和训导他的儿子、大异密和那颜们，及千户、百户和十户，布置两翼和前锋，宣布一条新札撒，并于 615/1218—1219 年开始出兵……然而，成吉思汗先派一个使团去见算端，警告他说：他决心讨伐他，报杀商之仇。因为"提出警告者有理"。

志费尼著《世界征服者史》何高济译

内蒙古人民出版社 1981 年 95 页

【题解】成吉思汗于 1219 年春出兵征讨花剌子模，所以 1218 年夏至 1219 年春之间，前派使团警告了花剌子模算端。

出征回回国

兔儿年（己卯，1219 年），成吉思汗在后妃中带着忽阑·合敦，越过阿剌亦岭，出征回回国。出征时，在诸弟中委托斡惕赤斤那颜留守大营（也客·阿兀鲁黑）。成吉思汗派遣者别为先锋，派遣速别额台为者别的后援，又派脱忽察儿为速别额台的后

【题解】本文记载了成吉思汗于 1219 年派遣出征回回国先头部队时下达的命令。

援。派遣这三个人出发时,成吉思汗嘱咐说:"要经过(城)外边,走出到莎勒坛的那边,等朕来到时,你们就夹攻。"

余大钧译注《蒙古秘史》河北人民出版社 2001 年 440 页

【题解】成吉思汗于1220 年 2 月进入不花剌城,本文记载了成吉思汗进城后的言论。

成吉思汗进入不花剌城

成吉思汗问道:"算端在讷儿定了多少赋税?"人们回答说:"一千五百底纳儿。"他遂降旨道:"你们可将这笔数目的现款缴来,此外就不再使你们遭受损失了。"……成吉思汗问道:"这里是算端的宫院吗?"有人对他说:"这是主的庙宇!"……成吉思汗降旨道:"原野上没有草了,将我们的马喂饱吧!"

拉施特《史集》第一卷第二分册余大钧、周建奇译
商务印书馆 1992 年 282 页

【题解】本文记载了成吉思汗在不花剌城的宣谕。

在不花剌城宣谕

伊袼木和名绅,作为代表,前去迎成吉思汗入城观察市镇和城池。他纵马入礼拜五清真寺,在马合苏剌前勒住马,其子拖雷下马登上祭坛。成吉思汗问那些在场者,这是否是算端的宫殿;他们回答说,这是真主的邸宅。

这时,他也下马,踏上祭坛的两三级,喊道:"乡下没有刍秣;把我们的马喂饱。"……

成吉思汗离开城镇,他来到节日的木撒剌,登上祭坛;接着,百姓齐集,他询问其中谁是富人。共点到二百八十人(其中一百九十名是本城人,另外的是外地人,也就是来自各地的商人),都给带去见他。

他开始讲话,话中谈到算端的背信弃义,然后他对他们说出如下一番话:"人们啊,须知你们犯了大罪,而且你们当中的大人物犯下这些罪行。如果你们问我,我说这话有何证明,那我说,这因我是上帝之鞭的缘故。你们如不曾犯下大罪,上帝就不会把我作为惩罚施降给你们。"他用这种调子把话讲完,又继续讲些诫谕之词,说:"不必说出你们在地面上的财物;把埋在地里

的东西告诉我。"于是,他问他们,谁是他们的管家,大家都指出
自己的人。

志费尼著《世界征服者史》何高济译

内蒙古人民出版社 1981 年 120—122 页

成吉思汗在不花剌城宣谕

成吉思汗登上举行节日公共祈祷的城外广场上的讲坛,在
讲了算端的抗拒和背信弃义行为后说道:"大家该知道,你们犯
下了大罪,你们的大臣都是罪魁。在我面前颤抖吧。我凭什么
这样说呢?因为我是代表上帝来惩罚你们的。如果你们没有犯
下大罪,伟大的主决不会让我来惩罚你们的!"

接着他又问道:"谁是你们所信赖的和特别可靠的人?"

拉施特《史集》第一卷第二分册余大钧、周建奇译

商务印书馆 1992 年 283 页

【题解】本文记载了成吉思汗在不花剌城的宣谕。

哲别给呼罗珊的官吏一道成吉思汗的札儿里黑

哲别和速不台兵临你沙不儿城下,遣使给呼罗珊的官
吏……一道成吉思汗的札儿里黑,要旨如下:"诸异密、贵人及
众黎庶,当知者……从日出至日没之一切土地,我均将其付托与
汝等。因之,凡属归降者,慈恩将施及其身及其妻妾、子女和家
族;但所有抗命者,将与其妻妾、子女和族人共遭毁灭。"

志费尼著《世界征服者史》何高济译

内蒙古人民出版社 1981 年 170 页

【题解】本文记载了者别和速不台颁给你沙不儿城的一道成吉思汗的札儿里黑。

命哲别和速不台追算端

成吉思汗兵临撒麻耳干城下,包围该城,这时,他接到消息
说:算端已逃走。成吉思汗宣称:"必须赶在人马聚集在算端身
旁、四方的贵族援助他之前,把他解决掉,把他消灭干净。"因此,

【题解】本文记载了成吉思汗于 1220 年 3 月在撒麻耳干城派遣者别和速不

台去追击算端时下达的谕旨。

他从大将中挑选哲别和速不台去追击算端。

志费尼著《世界征服者史》何高济译

内蒙古人民出版社 1981 年 169 页

【题解】本文记载了张荣与成吉思汗的对话。

问张荣渡河之方

张荣,清州人,后徙鄢陵。……戊寅,领军匠,从太祖征西域诸国。庚辰八月,至西域莫兰河,不能涉。太祖召问济河之策,荣请造舟。太祖复问:"舟卒难成,济师当在何时?"荣请以一月为期,乃督工匠,造船百艘,遂济河。太祖嘉其能,而赏其功,赐名兀速赤。

《元史·张荣传》中华书局 1976 年 3581 页

【题解】本文记载了畏兀人哈剌亦哈赤北鲁与成吉思汗在西征途中的谈话。

阿怜帖木儿

哈剌亦哈赤北鲁,畏兀人也。……从帝西征。至别失八里东独山,见城空无人,帝问:"此何城也?"对曰:"独山城。往岁大饥,民皆流移至它所。然此地当北来要冲,宜耕种以为备。臣昔在唆里迷国时,有户六十,愿移居此。"帝曰:"善。"遣月朵失野讷佩金符往取之,父子皆留居焉。

《元史·哈剌亦哈赤北鲁传》中华书局 1976 年 3047 页

【题解】本文记载了成吉思汗在西征期间的恩赐和处罚谕旨。

实施军令

(成吉思汗)对者别、速别额台二人大加恩赐,并说:"者别你原来名叫只儿豁阿歹,从泰亦赤兀惕部来了后,就成了者别。"因脱忽察儿擅自掳掠罕·篾力克的边城,惊走了罕·篾力克,依法当斩;但赦免未斩,对他加以严厉申斥,削去了他的管军职务。

余大钧译注《蒙古秘史》河北人民出版社 2001 年 441 页

【题解】本文记载了成吉思汗在西征期间分派四个儿子的

派拙赤、察阿歹、斡歌歹围攻兀笼格赤

成吉思汗从巴鲁安原野回师,命拙赤、察阿歹、斡歌歹三个儿子率领右翼军,渡过阿梅河,去围攻兀笼格赤城;又命拖雷去

攻打亦鲁、亦薛不儿等许多城。成吉思汗自己驻留于兀的剌儿城。拙赤、察阿歹、斡歌歹三个皇子派人来奏道："军、马已齐备。已经到达兀笼格赤。我们应当听谁号令？"成吉思汗降旨谕·"可听从斡歌歹号令！"

余大钧译注《蒙古秘史》河北人民出版社 2001 年 444 页

【题解】本文记载军事部署和重用窝阔台的军令。

派拙赤、察阿歹、斡歌歹围攻兀笼格赤

以军集奏闻上有旨曰军既集可听三太子节制也。

王国维校注《圣武亲征录校注》76 页

【题解】本文记载了成吉思汗在西征期间重用窝阔台的军令。

命拖雷撤军会合

成吉思汗在那里等待巴剌那颜，避暑于莎勒坛的驻夏地阿勒坛·豁儿罕岭，派遣使者去对拖雷说："夏天很热，别路军马都已返回，你也到朕处来会合吧！"

余大钧译注《蒙古秘史》河北人民出版社 2001 年 445 页

【题解】本文记载了成吉思汗在等待巴剌从印度返回期间，派遣使者叫拖雷撤军的命令。

恩赐晃孩、晃塔合儿、搠儿马罕三位箭筒士

成吉思汗听了这番话，息怒称是，赐旨晃孩、晃塔合儿、搠儿马罕三个箭筒士，对阿答儿斤氏人晃孩、朵笼吉儿氏人晃塔合儿二人说："你们俩留在朕的身边。"派遣斡帖格歹·搠儿马罕去征讨巴黑塔惕国的合里伯·莎勒坛。

余大钧译注《蒙古秘史》河北人民出版社 2001 年 448 页

【题解】本文记载了成吉思汗恩赐三位箭筒士和对他们的安排。

表速不台攻打回回国之功

壬午，帝征回回国。……帝曰："速不台枕干血战，为我家宣劳，朕甚嘉之。"赐以大珠、银罂。

《元史·速不台传》中华书局 1976 年 2976 页

【题解】本文记载了成吉思汗于 1222 年（壬午）表彰速不台功劳的言论。

【题解】本文记载了成吉思汗于1220年3月在花剌子模算端逃跑后的军事部署。

花剌子模之战的军事部署

成吉思汗降旨道:"朕命你们去追赶花剌子模沙算端,直到将他们追上为止,如果他带领军队来攻打你们,你们无力抵抗,可马上向我报告,如果他力量不大,可与他对敌!因为我们不断接到消息说,他怯弱、害怕、心惊胆战,他一定敌不过你们。我为你们向伟大的主的威力祝告,你们不擒获他不要回来。如果他被你们打垮后,带着几个人躲到陡山、狭洞里,或者像"必里"[伊朗神话中犯罪的天使]般地躲过了人眼,你们要像强风似地吹进他的国土上去;归顺者可予奖励,发给[保护]文书,[为他们指派]长官;流露出不屈服和反抗情绪者一律消灭掉!按照[我的]命令,你们可在三年内结束战事,通过钦察草原回到我们的老家蒙古斯坦来,因为照[过去的情形]看来,我们大概能如期完全结束伊朗地区的战争,凯旋归来。我马上就派拖雷汗跟在你们后面去征服呼罗珊诸城,即马鲁、也里、你沙不儿、撒剌哈夕及其所辖地区。并派遣术赤、察合台、窝阔台带着光荣的军队去攻取花剌子模王算端最大的城市、他的京城花剌子模。我以伟大的主的力量宣誓,我们定能成功,如期归来!"

拉施特《史集》第一卷第二分册余大钧、周建奇译

商务印书馆 1992 年 287-288 页

【题解】本文记载了成吉思汗为争取花剌子模大司教纳只马丁-忽卜剌而下达的谕旨。

圣谕花剌子模大司教纳只马丁-忽卜剌

成吉思汗听说有一个大司教纳只马丁-忽卜剌(愿安拉对他慈悲为怀!),他了解了他的生平,便派人去对他说:"我屠戮、洗劫了花剌子模。当代圣者应该离开他们[花剌子模人],投奔到我们这里来!"

拉施特《史集》第一卷第二分册余大钧、周建奇译

商务印书馆 1992 年 298 页

木·秃坚噩耗

成吉思汗朝着察合台说道："你们都不听我的话和命令！"察合台害了怕，跪下来说："如果我对你的话有所违背，就让我死去吧！"成吉思汗说道："你的儿子木·秃坚战死了，我命令你不许哭，不许悲伤，你不要违背我的话！"

拉施特《史集》第一卷第二分册余大钧、周建奇译

商务印书馆 1992 年 302 页

【题解】1221—1222 年进行的范延堡战役中，察合台子木·秃坚阵亡，因此，成吉思汗下令屠城并命名该城为坏城。

教诲忽秃忽

这个消息传到了成吉思汗那里，他虽然十分痛心，却不动 [声色] 地说道："忽秃忽以前老是打胜利，没有受过挫折；他受到这次挫折后，就会谨慎起来，从中取得经验，获得 [活生生的] 作战知识。"

……成吉思汗来到失乞·忽秃忽和算端交战的地方向兀客儿和忽秃儿问道："你们和算端各屯驻在哪里？"他们指给他看了。他发现他们和算端各有失当之处，便说："你们都不知道选择对作战有利的地形。"

拉施特《史集》第一卷第二分册余大钧、周建奇译

商务印书馆 1992 年 305-306 页

【题解】失乞·忽秃忽在今阿富汗境内与札兰丁算端交战中遭到惨败。本文记载了成吉思汗视察战场并评价交战双方的话和对失乞·忽秃忽的训诫。

钦佩札兰丁

蒙古军从四面八方将算端围住，他们围成一把弓子一样的半圆形，辛河像是 [那弓上的] 弦。成吉思汗事先下令道："不得用箭射伤算端，要设法 [将他活] 捉到手！"……他（算端）勇敢地拼命厮杀。当他看到与山、海抗争徒劳无益，便骑着生力马向蒙古军冲去，迫使他们后退。接着他疾驰向后，扯紧缰绳，背上披着盾牌，拿住屏伞与徽牌，用鞭子抽打了一下马，像闪电般地过河去了。到了对岸，他才拭去了脸面上的水。

成吉思汗非常惊讶地将手放在嘴上，指着札兰丁对儿子们

【题解】1221 年 11 月 24 日成吉思汗在印度河西岸包围花剌子模国算端马合谋的儿子札兰丁，札兰丁无法突围，最终纵马跳下高而陡峭的印度河岸，安然逃离围攻，成吉思汗见

此状情不自禁地佩服了札兰丁。该文记载了成吉思汗的佩服之言。

说道："生儿当如斯人！他既能从这样的战场上死里逃生，[日后]定能成就许多事业,惹起无数乱子！"

拉施特《史集》第一卷第二分册余大钧、周建奇译

商务印书馆 1992 年 307 页

【题解】同上。该文记载了成吉思汗的佩服之言。

钦佩札兰丁

蒙古兵看见他投入河中,正要跟踪入水。但成吉思汗制止他们。由于惊讶过分,他用手捂嘴,一再对他的儿子们说："为父者须有若此之子。"

志费尼著《世界征服者史》何高济译

内蒙古人民出版社 1981 年 157 页

【题解】成吉思汗于1223年春溯印度河北上,开始回师,夏季遣使叫窝阔台回师。本文记载了这一谕旨。

命窝阔台撤军

窝阔台派遣使者到成吉思汗处问道："[请您]下令让我去围攻昔思田吧。"成吉思汗下命令说："天气已经热了,你回来吧,我们派别的部队去围攻它！"

拉施特《史集》第一卷第二分册余大钧、周建奇译

商务印书馆 1992 年 309 页

【题解】成吉思汗于1223年春溯印度河北上,开始回师,夏季遣使叫窝阔台回师。本文记载了这一谕旨。

命窝阔台撤军

命三太子循河而下至昔思丹城欲攻之遣使来禀命上曰隆暑将及宜别遣将攻之。

《圣武亲征录校注》王国维 78 页

【题解】这是17世纪蒙古文史书记载的有关征伐回回国历史事件的传说。

杀死俺八孩合罕收抚其百姓

却说,〔主上〕派使臣去对撒儿塔黑臣的俺八孩合罕〔传谕〕说："向我归降纳贡吧！"那〔俺八孩〕合罕不高兴,遣使臣回话说：

"对安逸无备的人们，

突然掠劫已成了〔你们的〕习惯，

不要看错，俺八孩从不上当，

你坐家中妄自尊大是所为何来!"

主上大怒,降旨说:"有俗话说'说大话的要招大损'。我秉承天父的旨意,

曾打算挫败十二凶暴的君主,

以太平之政使天下尽享平安;

如今〔既然〕他说了如此大话,

仰望自在天父您来照鉴!"

……杀死了俺八孩合罕,收复了他的属众。

乌兰著《〈蒙古源流〉研究》辽宁民族出版社

2000年164-165页

邀长春真人之诏书、与长春真人论道以及交谈

刘仲禄悬虎头金牌,其文曰"如朕亲行,便宜行事"及蒙古人二十辈传旨敦请:"("辍耕录"载诏书)曰:天厌中原骄华太极之性。朕居北野,嗜欲莫生之情,返朴还淳,去奢从俭,每一衣一食,与牛竖马圉,共弊同飨,视民如赤子,养士若兄弟,谋素和,恩素蓄,练万众以身人之先,临百阵无念我之后。七载之中成帝业,六合之内为一统。非朕之行有德,盖金之政无恒。是以受天之佑,获承至尊,南连赵宋,北接回纥,东夏西夷,悉称臣妾。念我单于国,千载百世以来,未之有也。然而任大守重,治平犹惧有阙。且夫刳舟剡楫,将欲济江河也;聘贤选佐,将以安天下也。朕践阼以来,勤心庶政,而三九之位,未见其人。访闻丘师先生,体真履规,博物洽闻,探赜穷理,道冲德著,怀古君子之肃风,抱真上人之雅操,久栖岩谷,藏身隐形,阐祖宗之遗化,坐致有道之士,云集仙径,莫可称数。自干戈而后,伏知先生犹隐山东旧境,朕心仰怀无已。岂不闻渭水同车,茅庐三顾之事。奈何山川悬隔,有失躬迎之礼。朕但侧身斋戒沐浴,选差近侍官

【题解】这几段文字均选自《长春真人西游记》,以及几段补充材料。长春真人丘处机(公元1148—1227年),是金元之际道教全真道领袖。成吉思汗于1219年派刘仲禄邀请长春真人,使臣于1220年抵达山东。1221年长春真人应邀去西域觐见成吉思汗,1223年东返。这几段文字中记录

了成吉思汗的谕旨、谈话等。

刘仲禄备轻骑素车,不远千里,谨邀先生暂屈仙步,不以沙漠悠远为念。或以忧民当世之务,或以恤朕保身之术,朕亲侍仙座,钦惟先生将咳唾之余,但授一言斯可矣。今者,聊发朕之微意万一,明于召章。诚望先生既著大道之端要,善无不应,亦岂违苍生之愿哉!故兹诏示,惟宜知悉,五月初一日笔。"

《长春真人西游记校注》(卷上)海宁王国维 2—5 页

是月,北游望山。曷剌进表回,有诏曰:"成吉思皇帝敕真人邱师。"("省所奏,应诏而来者备悉")又曰:"惟师道逾三子,德重多方。"("命臣奉厥玄纁,驰传访诸沧海,时与愿适,天下人违,两朝屡诏而弗行,单使一邀而肯起,谓朕天启,所以身归。不辞暴露于风霜,自愿跋涉于沙碛,书章来上,喜慰何言。军国之事,非朕所期,道德之心,诚云可尚。朕以彼酋不逊,我伐用张,军旅试临,边陲底定。来从去背,实力率之。故然久逸暂劳,冀心服而后已。是用载扬威德,略驻车徒。重念")其终曰:"云轩既发于蓬莱,鹤驭可游于天竺。达摩东迈,元印法以传心;老子西行,或化胡而成道。顾川途之虽阔,瞻几杖以非遥。爰答来章,可明朕意。秋暑,师比平安好指不多及。"其见重如此。又敕刘仲禄云:"毋使真人饥且劳,可扶持缓缓来。"

《长春真人西游记校注》(卷上)海宁王国维 21—22 页

三月上旬,阿里鲜至自行宫。传旨曰:"真人来自日出之地,跋涉山川,勤劳至矣。今朕已回,亟欲闻道,无倦迎我"次谕宣使仲禄曰:"尔持诏征聘,能副朕心。他日当置汝善地。"复谕镇海曰:"汝护送真人来,甚勤。余惟汝嘉。"仍敕万户播鲁只,以甲士千人卫过铁门关。

《长春真人西游记校注》(卷上)海宁王国维 78 页

又四日,得达行在。上遣大臣喝剌播得来迎,时四月五日也。馆舍定,即入见。上劳之曰:"他国征聘,皆不应。今远逾万里而来,朕甚嘉焉。"对曰:"山野奉诏而赴者,天也。"上悦,赐坐食。次问:"真人远来,有何长生之药以资朕乎?"师曰:"有卫生之道,而无长生之药。"上嘉其诚,设二帐于御幄之东,以居焉。译者问曰:"人呼师为腾吃利蒙古孔(译语谓天人也),自谓之耶?人称之耶?"师曰:"山野非自称,人呼之耳。"译者再至曰:"旧奚呼?"奏以山野四人事,重阳学道,三子羽化矣,惟山野处世,人呼以先生。上问镇海曰:"真人当何号?"镇海奏曰:"有人尊之曰:父师者,真人者,神仙者。"上曰:"自今以往,可呼神仙。"时适炎热,从车驾,庐于雪山避暑。

《长春真人西游记校注》(卷上)海宁王国维 82 页

　　将及期,有报回纥山贼指斥者,上欲亲征。因改卜十月吉。师乞还旧馆。上曰:"再来不亦劳乎?"师曰:"两旬可矣。"上又曰:"无护送者?"师曰:"有宣差杨阿狗。"又三日,命阿狗督回纥酋长以千余骑从行。由他路回。

《长春真人西游记校注》(卷上)海宁王国维 82 页

　　二十二日,田镇海来迎。及行宫,上复遣镇海问曰:"便欲见耶?且少憩耶?"师曰:"入见是望。"且道人从来见帝,无跪拜礼,入帐折身叉手而已。既见,赐湩酪,竟乃辞。上因问:"所居城内,支供足乎?"师对:"从来蒙古回纥,太师支给。迩者食用稍难,太师独办。"翌日,又遣近侍官合住,传旨曰:"真人每日来就食可乎?"师曰:"山野修道人之人,惟好静处。"上令从便。

《长春真人西游记校注》(卷下)海宁王国维 91 页

　　传道毕,上谕之曰:"谆谆道海,敬闻命矣!斯皆难行之事,然则敢不遵依仙命,勤而行之。"传道之语已,命近臣:"录之简册,朕将亲览。其有玄旨未明者,续当请益焉。"

《成吉思汗封赏长春真人之谜》(元李志常耶律楚材撰文)

纪流注译中国旅游出版社 1986 年 145 页

十有九日，清夜，再召师论道。上大悦。二十有三日，又宣师入幄，礼如初。上温颜以听，令左右录之，仍敕志以汉字，意云不忘。谓左右曰："神仙三说养生之道，我甚入心，使勿泄于外。"

　　　　　　《长春真人西游记校注》（卷下）海宁王国维 92 页

　　上驻跸于城之东二十里。是月六日，暨太师阿海入见。上曰："左右不去如何？"师曰："不妨。"遂令太师阿海奏曰："山野学道有年矣，常乐静处行坐。御帐前军马杂沓，精神不爽。自此或在先，或在后。任意而行，山野受赐多矣。"上从之。既出，上使人追问曰："要秃鹿马否？"师曰："无用。"于时微雨始作，青草复生。

　　　　　　《长春真人西游记校注》（卷下）海宁王国维 93 页

　　帝问以震雷事。对曰："山野闻国人夏不浴于河，不浣衣，不造毡。野有菌，则禁其采，畏天威也，此非奉天之道也。尝闻三千之罪，莫大于不孝者，天故以是警之。今闻国俗多不孝父母，帝乘威德，可戒其众。"上悦曰："神仙是言，正合朕心。"敕左右记以回纥字。师请遍谕国人，上从之。又集太子诸王大臣曰："汉人尊重神仙，犹汝等敬天。我今愈信，真天人也。"乃以师前后奏对语谕之。且云："天俾神仙为朕言此，汝辈各铭诸心。"

　　　　　　《长春真人西游记校注》（卷下）海宁王国维 94 页

　　二月上七日，师入见。奏曰："山野离海上，约三年回。今兹三年，复得归山，固所愿也。"上曰："朕已东矣，同途可乎？"对曰："得先行便。来时汉人问山野以还期。尝答云三岁。今上所谘访，敷奏讫，因复固辞。"上曰："少俟三五日。太子来，前来道话，有所未解者，朕悟即行。"八日，上猎东山下，射一大豕。马蹄失驭，豕旁立不敢前。左右进马，遂罢猎，还行宫。师闻之，入谏曰："天道好生。今圣寿已高，宜少出猎，坠马，天戒也。豕不敢前,天护之也。"上曰:"朕已深省,神仙劝我良是。我蒙古人,骑射少所习。未能遽已。虽然,神仙之言在衷焉。"上顾谓吉息利答剌汗曰:"但神仙劝我语,以后都依也。"自后两月不出猎。

《长春真人西游记校注》(卷下)海宁王国维 94—96 页

二十有四日,再辞朝。上曰:"神仙将去,当与何物,朕将思之,更少待几日。"师知不可遽辞,回翔以待。

《长春真人西游记校注》(卷下)海宁王国维 96 页

三月七日,又辞。上赐牛马等物,师皆不受,曰:"只得驿骑足矣。"上问通事阿里鲜曰:"汉地神仙弟子多少?"对曰:"甚众。神仙来时,德兴府龙阳观中,曾见官司催督差发。"上曰:"应于门下人,悉令蠲免。"仍赐圣旨文字一通,且用御宝。("成吉思皇帝圣旨:道与诸处官员每!丘神仙应有底修行底院舍等,系逐日念诵经文,告天底人每,与皇帝祝寿万万岁者。所据大小差发赋税,都休教著者!据丘神仙底应系出家门人等,随处院舍,都教免了差发赋税者!其外诈推出家隐占差发底人每告到官司治罪,断案主者。")

《长春真人西游记校注》(卷下)海宁王国维 96 页

醮毕,元帅贾昌至自行在,传旨:"神仙自春及夏,道途非易。所得食物驿骑好否?到宣德等处,有司在意馆谷否?招谕在下人户,得来否?朕常念神仙,神仙无忘朕。"

《长春真人西游记校注》(卷下)海宁王国维 106 页

是月二十二日,喝剌至自行宫,传旨:"神仙至汉地,以清静道化人,每日与朕诵经祝寿,甚好。教神仙好田地内,爱住处住。道与阿里鲜,神仙寿高,善为护持。神仙无忘朕旧言。"

《长春真人西游记校注》(卷下)海宁王国维 107 页

季夏望日,宣差相公札八传旨:"自神仙去,朕未尝一日忘神仙。神仙无忘朕。朕所有之地,爱愿处即住。门人恒为朕诵经祝寿则佳。"

《长春真人西游记校注》(卷下)海宁王国维 108-109 页

成吉思汗与丘处机

太祖问为治之方,则对以敬天爱民为本。问长生久视之道,则告以清心寡欲为要。太祖深契其言,曰:"天赐仙翁,以寤朕志。"命左右书之,且以训诸子焉。于是赐之虎符,副以玺书,不斥其名,惟曰"神仙。"

《元史·释老·丘处机传》中华书局 1976 年 4524-4525 页

【题解】本文记载了成吉思汗与长春真人丘处机的对话以及成吉思汗对丘处机的敬重。

慰劳丘处机

丁亥,……有旨改赐宫名曰"长春",且遣使劳问,制若曰:"朕常念神仙,神仙毋忘朕也。"

《元史·释老·丘处机传》中华书局 1976 年 4525 页

【题 解】1227 年(丁亥),成吉思汗有旨改丘处机所处宫名为长春,并遣使慰劳,制若曰:"朕常念神仙,神仙毋忘朕也。"

成吉思汗祝福忽必烈和旭烈兀

成吉思汗亲自替他们拭指。忽必烈合罕轻轻地抓住成吉思汗的大拇指,旭烈兀汗却紧紧地抓住[他的大拇指]。成吉思汗说:"这个坏蛋要将我的手指掐断了!"

拉施特《史集》第一卷第二分册余大钧、周建奇译

商务印书馆 1992 年 316 页

【题解】本文记载了1224 年夏秋之际,11 岁的忽必烈和 9 岁的旭烈兀远赴叶密立－忽真迎接西征归来的爷爷成吉思汗时,成吉思汗所说的一段话。

与南方诸国接触时的言论

降服女真国章宗皇帝

庚戌年，〔主上〕二十九岁，〔出外〕去放那只鸦鹘。从兀鲁灰河去往兀剌河时，女真的章宗皇帝逃移而去。主上大怒，率兵前去征讨。由于没有渡口，受阻于兀剌河〔岸〕。当时，脱黑统阿·把都儿的儿子安敦·青台吉把一万匹骟马的缰绳系在一起，〔士兵们〕呐喊着冲上去，渡过海子包围了他们〔女真〕的城市。主上传谕：“交出一万只燕子、一千只猫，我就停止围城！”

……主上用这种办法收服了〔女真〕，纳了章宗皇帝的女儿札里海。回师途中，札里海哈屯去世了。

乌兰著《〈蒙古源流〉研究》辽宁民族出版社 2000 年 152—153 页

轻视金朝皇帝

初，帝贡岁币于金，金主使卫王允济受贡于净州。帝见允济不为礼。允济归，欲请兵攻之。会金主璟殂，允济嗣位，有诏至国，传言当拜受。帝问金使曰：“新君为谁？”金使曰：“卫王也。”帝遽南面唾曰：“我谓中原皇帝是天上人做，此等庸懦亦为之耶？何以拜为！”即乘马北去。金使还言，允济益怒，欲俟帝再入贡，就进场害之。帝知之，遂与金绝，益严兵为备。

《元史·太祖纪》中华书局 1976 年 15 页

【题解】本文记载成吉思汗于 1190 年到松花江用计占领了女真国(金朝)章宗皇帝的城市，纳了章宗皇帝的女儿札里海，在回师途中，札里海哈屯去世这一历史事件。金章宗于 1189 至 1208 年在位。

【题解】1210 年成吉思汗拒绝拜受金朝诏书，与金朝断绝关系，准备进攻金朝。本文记载了成吉思汗轻视金朝新皇帝卫绍王允济的言论。卫绍王允济于 1208 至 1213 年在位。

【题解】金朝的降将都说，皇帝璟杀戮宗亲，荒淫日恣。意为有理由攻打金朝。

言攻打金朝之由

金之降者，皆言其主璟杀戮宗亲，荒淫日恣。帝曰："朕出师有名矣。"

《元史·木华黎传》中华书局 1976 年 2930 页

【题解】本文记载了札剌亦儿部朔鲁罕于 1211 年（辛未）野狐岭之战中中流矢阵亡后，成吉思汗所说的悲悼之词。

悼念朔鲁罕

帝（成吉思汗）悲悼曰："朔鲁罕，朕之一臂，今亡矣！"赐其家马四百匹、锦绮万段。

《元史·奥鲁赤传》中华书局 1976 年 3190 页

【题解】本文记载了契丹人耶律留哥降附成吉思汗并于 1215 年（乙亥）遣子纳供入觐一事及他手下聚众叛变时成吉思汗对耶律留哥的安慰。

谕耶律留哥

耶律留哥，契丹人，仕金为北边千户。太祖起兵朔方，金人疑辽遗民有他志，下令辽民一户，以二女真户夹居防之。留哥不自安。岁壬申，遁至隆安、韩州，纠壮士剽掠其地。州发卒追捕，留哥皆击走之。……太祖命按陈那衍、浑都古行军至辽，遇之，问所从来，留哥对曰："我契丹军也，往附大国，道阻马疲，故逗留于此。"按陈曰："我奉旨讨女真，适与尔会，庸非天乎！然尔欲效顺，何以为信？"留哥乃率所部会按陈于金山，刑白马、白牛，登高北望，折矢以盟。按陈曰："吾还奏，当以征辽之责属尔。"

……既而耶厮不等劝留哥称帝，留哥曰："向者吾与按陈那衍盟，愿附大蒙古国，削平疆宇。倘食其言而自为东帝，是逆天也，逆天者必有大咎。"……

帝曰："汉人先纳款者，先引见。"太傅阿海奏曰："刘柏林纳款最先。"帝曰："伯林虽先，然迫于重围而来，未若留哥仗义效顺也，其先留哥。"既见，帝大悦，谓左右曰："凡留哥所献，白之于天，乃可受"。遂以白毡陈于前，七日而后纳诸库。因问旧何官，对曰："辽王。"帝命赐金虎符，仍辽王。又问户籍几何，对曰："六十余万。"帝曰："可发三千人为质，朕遣蒙古三百人往取之，汝亦遣人偕往。"留哥遣大夫乞奴、安抚秃哥与俱。且命诘可特哥曰："尔妻万奴之妻，悖法尤甚。"其拘执以来。可特哥惧，与耶厮不等给其众曰："留哥已死。"遂以其众叛，杀所遣三百人，惟三人逃归。事闻，帝谕留哥曰："尔毋以失众为忧，朕倍此数封汝无吝也。草青马肥，资尔甲兵，往取家孥。"

《元史·耶律留哥传》中华书局 1976 年 3511–3512 页

谕姚里氏

庚辰，留哥卒，年五十六。妻姚里氏入奏，会帝征西域，皇太弟承制以姚里氏佩虎符，权领其众者七年。丙戌，帝还，姚里氏携次子善哥、铁哥、永安及从子塔塔儿，孙收国奴，见帝于河西阿里湫城。帝曰："健鹰飞不到之地，尔妇人乃能来耶！"赐之酒，慰劳甚至。姚里氏奏曰：留哥既没，官民乏主，其长子薛阇扈从有年，愿以次子善哥代之，使归袭爵。帝曰："薛阇今为蒙古人矣，其从朕之征西域也，回回围太子于合迷城，薛阇引千军救出之，身中槊；又于蒲华、寻思干城与回回格战，伤于流矢。以是积功为拔都鲁，不可遣，当令善哥袭其父爵。"姚里氏拜且泣曰："薛阇者，留哥前妻所出，嫡子也，宜立。善哥者，婢子所出，若立之，是私己而蔑天伦，婢子窃以为不可。"帝叹其贤，给驿骑四十，从征河西，赐河西俘人九口、马九匹、白金九锭，币器皆以九计，许以薛阇袭爵，而留善哥、塔塔儿，收国奴于朝，惟遣其季子永安从姚里氏东归。

丁亥，帝召薛阇谓曰："昔女真猖獗，尔父起兵，自辽东会朕师，又能割爱，以尔事朕，其情贞悫可尚。继而奸人耶厮不等叛，人民离散。欲食尔父子之肉者，今岂无人乎！朕以兄弟视尔父，则尔犹吾子，尔父亡矣，尔其与吾弟孛鲁古台并辖军马，为第三千户。"薛阇受命。

《元史·耶律留哥传》中华书局 1976 年 3514 页

【题解】本文记载了耶律留哥卒（1220年）后其妻姚里氏入奏，见成吉思汗于河西一事，以及成吉思汗对她几个儿子的安排。

刘伯林

刘伯林,济南人。……壬申岁,太祖围威宁,伯林知不能敌,乃缒城诣军门请降。太祖许之,遣秃鲁花等与偕入城,遂以城降。帝问伯林,在金国为何官,对曰:"都提控。"即以原职授之,命选士卒为一军,与太傅耶律秃怀同征讨,招降山后诸州。

《元史·刘伯林传》中华书局 1976 年 3515 页

耶律阿海

耶律阿海,辽之故族也。……金季,选使王可汗,见太祖姿貌异常,因进言:"金国不治戎备,俗日侈肆,亡可立待。"帝喜曰:"汝肯臣我,以何为信?"阿海对曰:"愿以子弟为质。"明年,复出使,与弟秃花俱往,慰劳加厚,遂以秃花为质,值宿卫。阿海得参与计谋,出入战阵,常在左右。

《元史·耶律阿海传》中华书局 1976 年 3549 页

致责金使不遣阿海妻子

丙寅,帝建龙旗,即大位,敕左帅阇别略地汉南,阿海为先锋。……阿海奏曰:"好生乃圣人之大德也。兴创之始,愿止杀掠,以应天心。"帝嘉纳焉。……金主惧,请和,谕其使曰:"阿海妻子,何故拘系弗遣?"即送来归。师还,出塞。

《元史·耶律阿海传》中华书局 1976 年 3549 页

问石抹明安先责后降之由

石抹明安,桓州人。……岁壬申,太祖率师攻破金之抚州,将遂南向,金主命招讨纥石烈九斤来援,时明安在其麾下,九斤谓之曰:"汝尝使北方,素识蒙古国主,其往临阵,问以举兵之由,不然即诟之。"明安初如所教,俄策马来降,帝命缚以俟战毕问之。既败金兵,召明安诘之曰:"尔何以詈我而后降也?"对曰:"臣素有归志,向为九斤所使,恐其见疑,故如所言。不尔,何由瞻奉天颜。"帝善其言，释之，命领蒙古军，抚定云中东西两路。
既而帝欲休兵于北，明安谏曰："金有天下一十七路，今我所得，
惟云中东西两路而已，若置不问，待彼成谋，并力而来，则难敌
矣。且山前民庶，久不知兵，今以重兵临之，传檄可定，兵贵神速，
岂宜犹豫！"帝从之。即命明安引兵南进，所至，民皆具箪食壶
浆以迎，尽有河北诸郡而还。

《元史·石抹明安传》中华书局 1976 年 3556 页

明安来降

明安来如所教俄策马来降上命麾下缚之曰俟吾战毕问之
也。……上归诘明安曰我与汝无隙何对众相辱对曰臣素有归志
恐其难见故因如所教不尔何由瞻望天颜上善其言命释之。

《圣武亲征录校注》王国维 63—64 页

【题解】本文记载了
石抹明安于 1212
年（壬申）归附成吉
思汗一事。

要求金主犒劳蒙古军

九年甲戌春三月，驻跸中都北郊。诸将请乘胜破燕，帝不从，
乃遣使谕金主曰："汝山东、河北郡县悉为我有，汝所守惟燕京
耳。天既弱汝，我复迫汝于险，天其谓我何？我今还军，汝不能
犒师以弭我诸将之怒耶？"金主遂遣使求和，奉卫绍王女岐国公
主及金帛、童男女五百、马三千以献，仍遣其丞相完颜福兴送帝
出居庸。

《元史·太祖纪》中华书局 1976 年 17 页

【题解】本文记载了
成吉思汗于 1214
年春驻跸中都（燕
京，今北京）北郊，
遣使要求金主遣
使、贡物求和一事。

再征金朝

其后，汉地百姓的金帝阿忽台阻挡了我们通好于宋国的主
卜罕等众多使者。因此，成吉思汗于狗儿年（甲戌，1214 年）再
次出征金国。他说："既已归顺，为什么要阻挡我们派往宋国的
使者？"成吉思汗直趋潼关口，命者别进攻居庸关。

余大钧译注《蒙古秘史》河北人民出版社 2001 年 423 页

【题解】本文记载了
1214 年成吉思汗
再征金朝的原因。

占领中都与恩赐失吉·忽秃忽

【题解】本文记载了1214 年成吉思汗派失吉·忽秃忽等三人前去接管金中都后他们的汇报以及对失吉·忽秃忽的赏识。

成吉思汗向汪古儿、阿儿孩、忽秃忽三人问道："合答送给你们些什么？"失吉·忽秃忽说："他把金缎、纹缎拿来送给我们。当时我说：以前这中都是金帝的，而今已成为成吉思汗所有，你合答怎么敢窃取成吉思汗的财物暗中送人？我没有收受，汪古儿、阿儿孩二人收受了他所送给的东西。"于是，成吉思汗严厉申斥了汪古儿、阿儿孩二人，对失吉·忽秃忽说："你识得大体！"遂大加恩赐，降旨说："你可做朕的耳目！"

余大钧译注《蒙古秘史》河北人民出版社 2001 年 427－428 页

谕札八儿

【题解】札八儿，西域人。因早年投靠成吉思汗，屡立战功，被授予显赫地位。此为成吉思汗对其的评价。

太祖览中都山川形势，顾谓左右近臣曰："朕之所以至此者，札八儿之功为多。"又谓札八儿曰："汝引弓射之，随箭所落，悉畀汝为己地。"乘舆北归，留札八儿与诸将守中都。授黄河以北铁门以南天下都达鲁花赤，赐养老一百户，并四王府为居第。

《元史·札八儿火者传》中华书局 1976 年 2960－2961 页

召见耶律楚材

【题解】本文记载了成吉思汗召见耶律楚材时的对话。

耶律楚材字晋卿，辽东丹王突欲八世孙。……太祖定燕，闻其名，召见之。楚材身长八尺，美髯宏声。帝伟之，曰："辽、金世仇，朕为汝雪之。"对曰："臣父祖尝委质事之，既为之臣，敢仇君耶！"帝重其言，处之左右，遂呼楚材曰吾图撒合里而不名，吾图撒合里，盖国语长髯人也。

《元史·耶律楚材传》中华书局 1976 年 3455－3456 页

谕太宗重用耶律楚材

【题解】本文记载了成吉思汗要求窝阔台重用耶律楚材的谕旨。

帝每征讨，必命楚材卜，帝亦自灼羊胛，以相符应。指楚材谓太宗曰："此人，天赐我家。尔后军国庶政，当悉委之。"

《元史·耶律楚材传》中华书局 1976 年 3456 页

命合撒儿沿海边行进

金帝逃到南京(今河南开封)后,自请顿首归顺,派遣他的名为腾格里的儿子带着一百个伴从者,来做成吉思汗的侍卫。成吉思汗接受他归顺,下令退兵,经过居庸关退兵回去。同时,他命令合撒儿率领左翼军沿着海边行进,攻下北京,北京即降,就往北经过女真(蒲鲜)万奴处,万奴若反抗,就剿捕他,他若归顺,就从其边境诸城,沿浯刺河、纳浯河而进,溯讨浯儿河,越过(山岭),回到大营来会合。

余大钧译注《蒙古秘史》河北人民出版社 2001 年 429 页

【题解】本文记载了成吉思汗从金朝撤兵时的命令。

谕木华黎

丁丑八月,诏封太师、国王、都行省承制行事,赐誓券、黄金印曰:"子孙传国,世世不绝。"分弘吉刺、亦乞烈思、兀鲁兀、忙兀等十军,及吾也而契丹、蕃、汉等军,并属麾下。且谕曰:"太行之北,朕自经略,太行以南,卿其勉之。"赐大驾所建九旄大旗,仍谕诸将曰:"木华黎建此旗以出号令,如朕亲临也。"乃建行省于云、燕,以图中原。

《元史·木华黎传》中华书局 1976 年 2932 页

【题解】本文记载了成吉思汗于 1217 年让木华黎全权领导征金战争的谕旨。

问肖乃台为谁所属

肖乃台,秃伯怯烈氏,以忠勇侍太祖。时木华黎、博尔术既立为左右万户,帝从容谓肖乃台曰:"汝愿属谁麾下为我宣力?"对曰:"愿属木华黎。"即日命佩金符,领蒙古军,从太师国王为先锋。

《元史·肖乃台传》中华书局 1976 年 2965 页

【题解】秃伯怯烈氏肖乃台在木华黎麾下配金符,领探马军,充当先锋,屡立战功。

谕木华黎任用唵木海

唵木海,蒙古八刺忽氏,与父字合出俱事太祖,征伐有功。帝尝问攻城略地,兵仗何先,对曰:"攻城以炮石为先,力重而能

【题解】蒙古八刺忽惕人唵木海与父亲一同为成吉思汗效

力。于是，授予俺木海金符，为随路达鲁花赤。在随后的攻城略地中俺木海及其属下起到很大的作用。

及远故也。"帝悦，即命为炮手。岁甲戌，太师国王木华黎南伐，帝谕之曰："俺木海言，攻城用炮之策甚善，汝能任之，何城不破。"即授金符，使为随路炮手达鲁花赤。

《元史·俺木海传》中华书局 1976 年 3010 页

【题解】契丹人移剌捏儿不受金官，而投成吉思汗，受到重用。

移剌捏儿

移剌捏儿，契丹人也。……辽亡，金以为参议、留守等官，皆辞不受。闻太祖举兵，私语所亲曰："为国复仇，此其时也。"率其党百余人诣军门献十策。帝召见，与语奇之，赐名赛因必阇赤。又问："尔生何地？"对曰："霸州。"因号为霸州元帅。

《元史·移剌捏儿传》中华书局 1976 年 3529 页

【题解】由于移剌捏儿累著战功，受到成吉思汗的嘉奖，获得特殊地位和权利。

诏移剌捏儿

帝（成吉思汗）遣使诏之曰："自汝效顺，战功日多，今锡汝金虎符，居则理民，有事则将，其勿替朕意。"

《元史·移剌捏儿传》中华书局 1976 年 3529 页

【题解】由于移剌捏儿为大蒙古国累著战功，其子买奴继承了父亲的爵位。

移剌捏儿子买奴

移剌捏儿子买奴，初入见，太祖问曰："汝年小，能袭父爵乎？"对曰："臣年虽小，国法不小。"帝异其对，顾左右曰："此儿甚肖乃父。"以为高州等处达鲁花赤，兼征行万户。

《元史·移剌捏儿传》中华书局 1976 年 3530 页

【题解】木华黎攻略中原时，义州人王珣拥众来降。1216年，兴中又反，木华黎约

谕王荣祖

荣祖，珣长子也。王珣，本姓耶律氏，世为辽大族。……帝谕之曰："汝父子宣力我家，不意为张致所袭。归语汝父，善抚其军，自今以往，当忍耻蓄锐，俟逆党平，彼之属族、城邑、人民，

一以付汝,吾不吝也。仍免徭赋五年,使汝父子世为大官。"

《元史·王珣传》中华书局 1976 年 3535 页

王珣以全军来会,不料,锦州叛军张致乘空虚,以夜来袭,王珣家人皆遇害。木华黎留王珣于兴州,遣王珣子荣祖向成吉思汗奏报此事。本文记载了成吉思汗对荣祖的谕旨。

昔里钤部

昔里钤部,唐兀人,昔里氏。钤部亦云甘卜,音相近而互用也。太祖时,西夏既臣服,大军西征,复怀贰心。帝闻之,旋师致讨。命钤部同忽都铁穆儿招谕沙州,州将伪降,以牛酒犒师,而设伏兵以待之。首帅至,伏发马踬,钤部以所乘马与首帅使奔,自乘所踬马而殿后,击败之。他日,帝闻曰:"卿临死地,而易马与人,何也?"钤部对曰:"小臣阵死,不足重轻,首帅乃陛下器使宿将,不可失也。"帝以为忠。

《元史·昔里钤部》中华书局 1976 年 3011 页

【题解】本文记载了成吉思汗夸奖昔里钤部为可汗和可汗军事舍弃性命的忠诚而勇敢的举动。

遣返金使

夏四月,驻跸铁门关,金主遣乌古孙仲端奉国书请和,称帝为兄,不允。

……

秋,金复遣乌古孙仲端来请和,见帝于回鹘国。帝谓曰:"我向欲汝主授我河朔地,令汝主为河南王,彼此罢兵,汝主不从。今木华黎已尽取之,乃始来请耶?"仲端乞哀,帝曰:"念汝远来,河朔既为我有,关西数城未下者,其割付我。令汝主为河南王,勿复违也。"仲端乃归。

《元史·太祖纪》中华书局 1976 年 21-22 页

【题解】1221 年和 1222 年,金朝两次派乌古孙中端来请和,本文记载了成吉思汗对使臣的答复。

【题解】1223 年冬，木华黎死。不久成吉思汗亲自攻略凤翔之地时，想起并提及了木华黎替成吉思汗南征的重要作用。

念及木华黎

厥后太祖亲攻凤翔，谓诸将曰："使木华黎在，朕不亲至此矣！"

《元史·木华黎传》中华书局 1976 年 2936 页

【题解】1227 年六月，成吉思汗避暑于六盘山，遣使于金，金遣使求和。成吉思汗下禁杀令。

谕群臣下诏不杀掠

六月，金遣完颜合周、奥屯阿虎来请和。帝谓群臣曰："朕自去冬五星聚时，已尝许不杀掠，遽忘下诏耶。今可布告中外，令彼行人亦知朕意。"

《元史·太祖纪》中华书局 1976 年 24 页

【题解】1226 年（丙戌），山东张荣举地归附后，按赤台那颜引见于成吉思汗，成吉思汗赏识他的忠诚和勇敢，拍了他后背说道："真赛因八都儿也。"并授予金紫光禄大夫、山东行尚书省，兼兵马都元帅。张荣（1181—1263 年），山东历城人。1226 年率 50 多万军民归附蒙古。

赞张荣

张荣字世辉，济南历城人。……岁丙戌，东平、顺天皆内属，荣遂举其兵与地，纳款于按赤台那衍，引见太祖，问以孤军数载，独抗王师之故，对曰："山东地广人稠，悉为帝有。臣若但有倚恃，亦不款服。"太祖壮之，拊其背曰："真赛因八都儿也。"授金紫光禄大夫、山东行尚书省，兼兵马都元帅，知济南府事。

《元史·张荣传》中华书局 1976 年 3558 页

重用王檝

王檝字巨川,凤翔虢县人。太祖将兵南下,檝鏖战三日,兵败见执,将戮之,神色不变,太祖问曰:"汝曷敢抗我师,独不惧死乎?"对曰:"臣以布衣受恩,誓捐躯报国,今既偾军,得死为幸!"帝义而释之,授都统,佩以金符,令招集山西溃兵。

《元史·王檝传》中华书局 1976 年 3611 页

【题解】成吉思汗将兵南下,金军将领王檝苦战三天,最终于 1213 年兵败被俘。成吉思汗赞许他的忠诚和勇敢并释放了他,授都统,佩以金符。

使王檝掌管分拨诸侯王城邑之事

帝命阔里毕与皇太弟国王分拨诸侯王城邑,谕阔里毕曰:"汉人中若王宣抚者,可任使之。"遂以前职,兼判三司副使。后又命省臣总括归附工匠之数,将俾大臣分掌之。太师阿海具列诸大臣名以闻,帝曰:"朕有其人,偶忘姓名耳。"良久曰:"得之矣,旧人王宣抚可任是职。"遂命檝掌之。

《元史·王檝传》中华书局 1976 年 3612 页

【题解】王檝于 1213 年被俘归降后,委以重任,屡立战功,受到了成吉思汗的信任和赏识。本文记载了使王檝掌管分拨诸侯王城邑之事。

远征吐蕃

丙寅年,〔主上〕四十五岁,出征吐蕃的公哥·朵儿只王,吐蕃王派出以亦鲁忽官人为首的三百人为使,〔前来〕奉献大批骆驼为贡,表示愿意归降。〔他们〕在纳臣柴达木之地拜见了主上。主上恩准,重赏了〔吐蕃〕王和使臣。遣送〔使臣〕回国时,主上给萨思迦·掣·罗咱斡·阿难答·葛毗喇嘛捎去了书信和礼物。〔信中〕说:"本想返派亦鲁忽大臣回去请你,由于我还有很多世间的事业没有做,所以就不请了。我将在这里敬奉你,你要在那边护佑我!"就这样收服了纳里三部以下三省八十八万黑色吐蕃人众。

乌兰著《〈蒙古源流〉研究》辽宁民族出版社 2000 年 164 页

【题解】本文记载了成吉思汗进军吐蕃的传说。

进军印度

随后,〔主上〕乘胜进军印度。越过赤惕哈郎岭的山坡,〔只见〕一个称为"些噜"的野兽,头上长有独角,奔驰过来,在主上面前屈膝拜了三拜。众人正为此感到惊异,主上降旨说:"据说那印度的金刚台座,是古时候尊贵的众佛陀、菩萨、众自在圣人、合罕的出生之地。今天,这个不会说话的〔奇〕兽,不知为什么像人一样这般叩拜?〔看来〕,如果去到〔印度〕,恐怕会出意外。莫非是我的天父在告诫?"于是班师回返。

乌兰著《〈蒙古源流〉研究》辽宁民族出版社 2000 年 164 页

征讨唐兀惕誓言

成吉思汗(西)征时,派遣使者去对唐兀惕百姓的不儿罕说:"你曾经说过做朕的右手,如今回回国人切断了我们的金繮绳,如今朕要去(西)征,向他们讨个说法。你做我们的右翼出征吧。"使者去到那里,不儿罕还没说话,阿沙·敢不先说道:"兵力不足,做什么大汗!"不发援兵,却说了这种狂妄的话,把使者打发回去了。成吉思汗说:"怎么能容忍阿沙·敢不说这种(不堪入耳)的话?先去征讨他们,又有何难?但因为现在要出征别的国家,就暂且不理他们。若蒙长生天佑护,(西征)胜利归来时,朕就去征讨他们。"

余大钧译注《蒙古秘史》河北人民出版社 2001 年 438 页

出征唐兀惕国

那年(乙酉鸡年,1225 年)冬天驻冬时,(成吉思汗)准备出征唐兀惕(西夏)国,重新点数了军队。

狗儿年(丙戌,1226 年)秋天,成吉思汗上马出征唐兀惕国,在后妃之中带去了也遂合敦。途中到了冬天,在阿儿不合地方围猎许多野马。成吉思汗骑着一匹红沙马,一群野马跑过来,红沙马受惊,成吉思汗坠下马来,肌肤受伤很痛,遂在搠斡儿合惕地方驻营住下。

宿过了那夜,第二天早晨也遂合敦说:"皇子们、那颜们,一起商议吧! 大汗夜里睡时肌肤很热。"皇子们、那颜聚会商议。

晃豁坛氏人脱栾·扯儿必建议说:"唐兀惕百姓有建筑好的城,有不能挪动的营地,他们不能背着建筑好的城逃走,不能背着不能挪动的营地逃走。我们回师吧,等到大汗身体好了,再去征讨。"皇子、那颜们都赞成这个意见,遂奏告了成吉思汗。

成吉思汗说:"(如果就这样回师)唐兀惕百姓会认为我们畏怯而退回去了。我们先派使者去,朕在这里搠斡儿合惕疗病,探明了他们所说的话,才可回去。"

于是,派遣使者去传话说:"不儿罕你以前曾说:'我们唐兀惕百姓愿做您的右手',根据你的这个许诺,当我们出征与我们不和好的回回国时,请你一同出征,你不儿罕没有履行诺言,不仅不发兵,而且恶言挖苦。那时我们因别有所向,只好留待以后与你算账,就出征回回国去了。蒙长生天佑护,我们征服了回回国,如今我们要来与你算账了!"不儿罕说:"我没有说过挖苦的话。"阿沙·敢不说:"挖苦的话是我说的。如今你们蒙古人以为惯战而欲来战,我们贺兰山营地有撒帐房和骆驼的驮包,就请你们到贺兰山来与我们交战吧。如果需要金银、缎匹和财物,就请你们到中兴府(额里合牙)、西凉府(额里折兀)来吧!"说罢,就把使者打发回去了。使者把他说的这些话禀告了成吉思汗。

成吉思汗肌肤还很热,他说:"你们看,他们说出这样的大话,我们怎么可以退回去呢? 就是死了,也得照着他们说的大话去攻打他们! 长生天,你知道!"

成吉思汗遂直趋贺兰山,与阿沙·敢不交战,打败了阿沙·敢不,围困他于贺兰山上的寨子里,擒获了阿沙·敢不,把他的有撒帐房、有骆驼驮包的百姓,如拂灰般地俘虏了。

成吉思汗降旨道:"把勇猛敢战的男子、有地位的唐兀惕人杀掉!"战士们可各取其所擒获的各种唐兀惕人。"

余大钧译注《蒙古秘史》河北人民出版社 2001 年 459—461 页

恩赐孛斡儿出和木合黎

于是,降旨恩赐孛斡儿出、木合黎二人,听其尽力取有掳获的(人和财物)。成吉思汗又降旨道:"恩赐孛斡儿出、木合黎二人时,不曾分给金国百姓,如今你们二人可均分金国的乣人,其好男儿可执鹰随从你们,其好女子长大后可为你们的妻子整理衣裙。金国皇帝所倚靠的亲信,杀害蒙古人的祖先、父辈的,就是契丹、乣人。如今朕所倚靠的亲信,就是孛斡儿出、木合黎你们二人。"

余大钧译注《蒙古秘史》河北人民出版社 2001 年 462 页

赐死亦鲁忽·不儿罕

成吉思汗降旨赐亦鲁忽·不儿罕以失都儿忽之名。成吉思汗把亦鲁忽·不儿罕·失都儿忽召来赐死,降旨命脱栾·扯儿必下手处死他。脱栾·扯儿必下手杀死亦鲁忽后,回奏了成吉思汗。成吉思汗降旨道:"朕来与唐兀惕百姓算账时,途中在阿儿不合地方围猎野马时肌肤受伤,你脱栾爱惜朕的性命、身体,建议朕先把病养好。因敌人出言恶毒,朕继续出征,蒙长生天佑护,征服敌人,报了仇。如今有亦鲁忽带来的行宫、器皿,给你脱栾拿去吧!"

余大钧译注《蒙古秘史》河北人民出版社 2001 年 463 页

灭唐兀惕令

(成吉思汗)俘虏了唐兀惕百姓,杀死了亦鲁忽·不儿罕·失都儿忽,把唐兀惕百姓从父母直到子孙的子孙消灭干净。成吉思汗降旨说:"每次吃饭时,都要说:把他们消灭干净,杀死,消灭掉!"

余大钧译注《蒙古秘史》河北人民出版社 2001 年 465 页

谕察罕勿杀蛇类

察罕,初名益德,唐兀乌密氏。察罕武勇过人,幼牧羊于野,植杖于地,脱帽置杖端,跪拜歌舞。太祖出猎,见而问之。察罕对曰:"独行则帽在上而尊,二人行则年长者尊,今独行,故致敬于帽。且闻有大官至,先习礼仪耳。"帝异之,乃挈以归,语光献皇后曰:"今日出猎得佳儿,可善视之。"命给事内廷。及长,赐姓蒙古,妻以宫人弘吉剌氏。尝行困,脱靴藉草而寝。鸮鸣其旁,心恶之,掷靴击之,有蛇自靴中坠。归,以其事闻。帝曰:"是禽人所恶者,在尔则为喜神,宜戒子孙勿杀其类。"

《元史·察罕传》中华书局 1976 年 2955 页

【题解】本文记载了察罕的事迹,成吉思汗对察罕的赏识和训诫。

临终时的遗言和遗嘱

成吉思汗从西方诸国返回他的东方老营后,他就讨伐唐兀以遂他的宿愿。他把该地敌人的劣行肃清,把他们全部征服,这时,他得了由不良气候而引起的不治之症。

他召诸子察合台、窝阔台、兀鲁黑那颜、阔列坚、术赤台、斡儿长去见他,对他们说:"我的病势沉重,医治乏术,因此,实在说,你们需有人保卫国威和帝位,支持这根基坚实的宝座。因为,如我的儿子个个都想成为汗,想当帝王,不互相谦让,岂非又像一头蛇和多头蛇的故事?"

他说完这番话和这番训诫,这些也是他们的行为准则,他们的札撒。……成吉思汗接着说:"若你们想过安乐和幸福的生活,享受权力和富贵的果实,那末,如我近来让你们知道的那样,我的意见是:窝阔台继我登位,因为他雄才大略,足智多谋,在你们当中尤为出众;我意欲让他出谋划策,统帅军队和百姓,保卫帝国的疆域。因此,我立他当我的继承人,把帝国的权柄交给他的勇略和才智。我的儿子们,对这想法有何意见,对这意见又有何想法?"他们再谦恭地屈膝,孝顺地跪倒在尘埃,以遵从的口吻说:"谁有权力反对成吉思汗的话,谁有能耐拒绝它?吾

【题解】本文记载了成吉思汗与儿子们的谈话,其中谈到了有关对大蒙古国的未来的担忧和安排,以及给儿子们下达的训诫和遗嘱。

辈的幸福及吾辈部属的幸福,有赖于成吉思汗的旨意,吾辈事业的成功有赖于他的教导。"

"既然这样,"成吉思汗说,"若你们的愿望和你们的话是一致的,若你们的口比着你们的心,你们须立下文书:我死后你们要承认窝阔台为汗,把他的话当作肉体内的灵魂,不许更改今天当着我的面决定的事,更不许违反我的法令。"窝阔台的弟兄们遵照他的圣训,立下文书。

成吉思汗的病情愈来愈厉害,因为不能把他从所在之地挪走,他便在 624 年刺马赞月 4 日 [1227 年 8 月 18 日] 与世长辞。

志费尼著《世界征服者史》何高济译

内蒙古人民出版社 1981 年 212-214 页

成吉思汗与阔端和贵由的谈话

【题解】本文记载了成吉思汗与阔端和贵由之间的谈话。从中可以窥见拖雷继承成吉思汗家产的事实。

那几天中,他将窝阔台的儿子阔端和贵由打发了回去。他们向他索取恩宠和赠赐之物。他说:"我什么也没有,所有的东西都是大禹儿惕和一家之主拖雷的,一切由他作主吧!"拖雷汗取了一些衣物给了他们。成吉思汗将也里长官忽秃察黑的祖父赐给贵由汗,同时说道:"你一旦有病时,他可以替你做些食物!"

拉施特《史集》第一卷第二分册余大钧、周建奇译

商务印书馆 1992 年 317 页

成吉思汗和儿子们之间的密谈

【题解】本文记载了成吉思汗与儿子们的密谈,其中谈到了有关对大蒙古国的未来的担忧和安排,以及给儿子们下达的训诫和遗嘱。

相当于伊斯兰教历 623 年的那孩亦勒即狗年(公元 1223 年)初春,他来到翁浑 – 答兰 – 忽都黑地方,在那里突然想到了自身,沉思良久;因为他曾得一梦,启示了他的死期将莅临。

宗王之中,[当时] 拙赤 – 哈撒儿的儿子移相哥 – 阿合在 [他跟前]。他向他问道:"我的儿子窝阔台和拖雷在什么地方,在远方还是在近处?" ——[当时] 他们都在自己的军队里。移相哥 – 阿合说,他们在距此约二三程之地。成吉思汗立即派人

去把他们叫来。

第二天早晨,在他们进餐的时候,他对异密们与会议参加者说道:"我有事想对儿子们关照、商量和密谈。我想同儿子们面对面用上几个钟头进行密谈、商量。你们暂时走开,让我们独自留下吧。"异密等人离开后,成吉思汗和儿子们坐下来密谈。

他说了许多训言后,说道:"我身后留下的孩儿们啊![你们]知道,我的死日已近,快要到地府去了!我为你们[我的]儿子们,在主的威力和[长生]天的佑助下征服和开创了一个辽阔广大的国家,从这个国家的中央向各方面走去都需要用一年时间。现在,我对你们立下如下遗言:你们要想过富足满意的生活,享受掌大权的快乐,必须齐心协力抵御敌人、尊崇朋友!"

接着他立窝阔台合罕为继位者,在遗嘱和训言的最后吩咐道:"去统治我所留下的领地:[我的]国家和兀鲁思吧!我不愿死在家里,我要为了声名和荣誉走出去。从今以后,你们不可更改我的命令。察合台不在这里,如果他在我死后,违背我的话,在国内引起纷争,那可真不得了。[现在]你们去吧!"就这样,他结束了这次密谈上讲的话。

拉施特《史集》第一卷第二分册余大钧、周建奇译

商务印书馆 1992 年 318—319 页

临终前的恩赐与嘱咐

当成吉思汗来到女真、南家思和唐兀惕地面交界处的六盘山地方时,女真国王刚听到成吉思汗来到,便遣使送来礼物请降,礼物中包括一盘大圆珍珠。

成吉思汗下令将珍珠赐给耳上穿孔的人,每人一颗。当时[耳上]没有[穿孔]的人马上在自己的耳朵上穿了孔。所有的人都发给了珍珠,但[珍珠]还是剩下了许多。

成吉思汗说:"今天是行赏的日子,[将剩下的珍珠]全部掷出去,让人们捡拾吧。"他自知死期将临,对[这些珍珠]毫不在意。许多珍珠丢失在尘土里了,过了很长时间,还有人在那里

【题解】本文记载了成吉思汗病重期间在六盘山给手下人恩赐珍珠一事和杀死西夏国王的命令。

寻找珍珠，从地下捡到珍珠。

其后唐兀惕国王失都儿忽思量道："我多次反叛对抗成吉思汗，我的国土每次都遭到蒙古人的屠杀、掠夺，自今以后我再也不叛乱了，必须向成吉思汗表示奴隶般的顺从！"他遂派遣使者[到他那里]请求和谈并订立誓盟，他说道："我担心他能否收我做儿子！"

成吉思汗对他的请求很满意。[当时]失都儿忽请求一个月的期限，以便准备礼物，将城里居民迁出来，[成吉思汗]给了他所请求的期限。为了表示尊敬、屈服，他想前来朝谒，但成吉思汗说："我病了。让他等我病好一些再来吧！"——他对脱栾-扯儿必说："你到他身边去做他的失合兀勒吧！"——意即派他去做接待和陪伴使臣和进宫觐见者的人。[脱栾]奉命侍奉失都儿忽去了。成吉思汗的病却一天天坏下去。

拉施特《史集》第一卷第二分册余大钧、周建奇译

商务印书馆 1992 年 320 页

临终前的遗嘱

成吉思汗自知病危，大渐将近。遂对异密们遗告道："我死后，你们不要为我发丧、举哀，好叫敌人不知我已死去。当唐兀惕国王和居民在指定时间从城里出来时，你们可将他们一下子全部消灭掉！"猪儿年秋第二月十五日（伊斯兰教历 624 年 9 月）[1227 年 9 月]，他为他那著名的兀鲁黑留下了汗位、领地和国家，离开了[这个]易朽的世界。

蒙古有一座名叫不儿罕·合勒敦的大山。……成吉思汗将那里选做自己的坟葬地，他降旨道："我和我的兀鲁黑的坟葬地就在这里！"

有一次成吉思汗出去打猎，有个地方长着一棵孤树。他在树下下了马，在那里心情喜悦。他遂说道："这个地方做我的墓地倒挺合适！在这里做上个记号吧！"举哀时，当时听他说过这话的人，重复了他所说的话。诸王和异密们遂按照他的命令选

【题解】本文记载了成吉思汗临终前下达的有关灭西夏的谕旨和他生前为家族选定墓地的事情。

定了那个地方。据说,在他下葬的那年,野地上长起了无数树木和青草。如今那里森林茂密,已无法通过;最初那棵树和他的埋葬地已经辨认不出了。甚至守护那个地方的老守林人,也找不到通到那里去的路了。

拉施特《史集》第一卷第二分册余大钧、周建奇译

商务印书馆 1992 年 321 页 322—323 页

遗诏

是月,夏主李晛降。帝次清水县西江。秋七月壬午,不豫。己丑,崩于萨里川哈老徒之行宫。临崩谓左右曰:"金精兵在潼关,南据连山,北限大河,难以遽破。若假道于宋,宋、金世仇,必能许我,则下兵唐、邓,直捣大梁。金急,必征兵潼关。然以数万之众,千里赴援,人马疲弊,虽至弗能战,破之必矣。"言讫而崩,寿六十六,葬起辇谷。至元三年冬十月,追谥圣武皇帝。至大二年冬十一月庚辰,加谥法天启运圣武皇帝,庙号太祖。在位二十二年。

《元史·太祖纪》中华书局 1976 年 24—25 页

【题解】1227 年秋,成吉思汗在萨里川哈老徒行宫驾崩。本文记载了成吉思汗在临终前嘱托其子嗣和大臣们的有关灭金的战略和战术。

出征唐兀惕国与成吉思汗去世

成吉思合罕出征唐兀惕国。唐兀惕国派来使者说:"愿做您的右翼,为您纳贡!"并进献了许多财物。

却说,成吉思合罕派使臣到撒儿塔兀勒,叫他们纳贡,撒儿塔兀勒却把使臣杀害了。成吉思合罕发誓:"如不征服撒儿塔兀勒,直到我丧失金命,绝不从撒儿塔兀勒撤军!"就出征撒儿塔兀勒。在出征前派使臣去唐兀惕说:"做我右翼出征!"唐兀惕的失都儿忽罕还没说话,阿沙敢不抢先说道:"明明力弱势单,却自称有势力者;本来不是合罕,却号称合罕!我们不会出兵!"成吉思合罕说:"怎么能容忍阿沙敢不说这种话!祈祷长生天保佑,待西征凯旋后再说!"于是,出征撒儿塔兀勒国。

……

【题解】本文记载了成吉思汗出征西夏国和成吉思汗的去世。文中神话色彩很浓,但记载了 13—14 世纪文献缺载的历史信息。其中有些内容与《蒙古源流》的记载有出入。

狗儿年,成吉思合罕出征唐兀惕国,在诸哈屯中,携也遂哈屯同行。行军途中,在爱不合地方,围猎成群的野驴。[成吉思合罕]从马上摔下来,身上发烧,一夜没合眼。第二天,也遂哈屯对诸子和那颜们说:"合罕身上发烧,一夜没合眼,大家商议归程吧!"

诸子和那颜聚会商议时,成吉思合罕说:"唐兀惕人将认为我们害怕而撤退了。我们遣使臣去吧!"于是派遣了使臣。失都儿忽合罕对使臣说:"[成吉思合罕]叫我出征撒儿塔兀勒时,我没说不中听的话,是阿沙敢不说的。"阿沙敢不对使臣说:"是我说的,你们蒙古人过于傲慢。我以阿剌筛为游牧,以骆驼为驮载工具,以毛织帐房为居室。冲我来吧,在阿剌筛地方交战!"

成吉思合罕还没有痊愈,但听了[阿沙敢不的]那段话,忍不住出征了。途中,见到母纳山嘴,很喜欢,如此降旨:

"国安时,可以驻牧。

国亡时,可以立寨。

年老的鹿,可以避居。"

到了阿沙敢不驻地,和他交战,把阿沙敢不[之众]屠尽杀绝。

[成吉思合罕]命令所有士兵尽数拿取自己所掳获的战利品。[又]对孛斡儿赤、木合黎二人降旨赏赐:"以前,未曾把战利品分给你们二人。[这回]从唐兀惕在大家面前任意拿取。你们二人平分金国百姓中的纠军人吧!"成吉思合罕在雪山地方过冬,命脱仑扯儿必杀死了失都儿忽合罕。杀死时,失都儿忽合罕对成吉思合罕说:"杀了我,对你本人凶。不杀我,对你子孙凶。"成吉思合罕说:"但愿对我子孙吉利,我一人不要紧!"于是下令杀死了失都儿忽合罕。

成吉思合罕降旨:"前些天从马上摔下来受伤的身躯感到很疼痛。

[从前马背上]伸腿,

直到皮马镫变长,

　　　直到铁马镫变薄，

　　　艰辛地创建大国时，

　　　也未曾如此受苦。

　　　跨着白飘骏马，

　　　披着羊羔皮袄，

　　　收抚众多的百姓时，

　　　也未曾如此受难！"

又说道："我的各位大臣你们会死吗？"

雪你惕人吉鲁格台把阿秃儿禀奏：

　　　"[如我们死去]

　　　你玉石般的国家会悲痛，

　　　你心爱的孛儿帖哈屯会守寡，

　　　你合撒儿、别勒古台二弟会悲伤，

　　　你聚集经略的百姓会四散。

　　　你高大的国家会变弱小，

　　　你自小结缘的孛儿帖哈屯会逝去，

　　　你的窝阔台、拖雷二子会孤苦无恃，

　　　你苦心收集的属众将有他主而四散。

　　　沿着杭爱山的山脚行进，

　　　你的哈屯和儿孙将嚎啕来迎，

　　　那时我想把有益的遗言传达给他们！

　　　为你孤单地留在人世的孛儿帖薛禅哈屯，

　　　为你孤独地留在人世的窝阔台、拖雷二子，

　　　在平原之地指给水源！

　　　在崎岖之境指给道路！"

　　成吉思合罕说："此话有理，[你们] 不要死，教导 [我的遗孀和遗孤] 而行吧！"[又] 降旨说：

"玉石不生毛皮，

坚铁没有粘合，

可惜此身不可能永生，

你们要勇往直前自强不息！

言而有信的人，心地坚贞，

你们做事谦逊谨慎，要与众人和顺！

死亡不可抗拒，

你们要造福来世。

忽必烈孩儿出言不凡，

你们大家要按他的话行事！"

说完训谕，于火猪年春末月十二日，在六十六岁时于米讷克之朵儿篾该城驾崩。

用车舆载着合罕的灵柩返回时，吉鲁格台把阿秃儿颂说：

您竟成了飞翔的鹰翼逝去了呀，我的主上啊！

您竟成了辚辚舆车的载负而去了吗？我的主上啊！

您竟成了翱翔的鹰翼而逝去了呀，我的主上啊！

您竟成了轮转舆车的载负而去了吗？我的主上啊！

您竟成了啼鸣的鹰翼而逝去了呀，我的主上啊！

您竟成了隆隆舆车的载负而去了吗？我的主上啊！

这样赞颂着行进到母纳山的泥淖地，舆车的车毂陷入泥中，挽上四十五匹马也没能拉动，全体人众都在犯愁。这时，吉鲁格台把阿秃儿叩拜禀奏：

"受命长生苍天而降生的，

我的豪杰圣主啊！

抛下您全体属民，

回到了天境。

您在世时建立的升平国家，

您的皇后和您所生的皇子们，

您出生的山岳、土地、江河，[都]在那边啊！

您肇始缔造的国家，

您心爱的皇后皇子们，

您的黄金宫殿，[都]在那边啊！

您巧妙创建的国家，

您结缘的皇后皇子们，

您生前收聚的百姓，

您的亲戚宗族，[都]在那边啊！

您繁荣的国家和百姓，

您浴身的水和雪，

您众多的蒙古臣民，

斡难河的迭里温孛勒答黑您出生的地方，

[都]在那边啊！

您的枣骝马鬃制成的神纛，

您的战鼓、号角和军笳，

您的诸种语言的百姓，

客鲁连河的阔迭额阿剌勒您即合罕位的地方，

[都]在那边啊！

您功成之前结缘的孛儿帖兀真哈屯，

您的不而哈图山和江河大地，

您的孛斡儿赤和木合黎二位亲密伴当，

您的完美无缺的制度仪礼，[都]在那边啊！

您的靠神力结成姻缘的忽阑哈屯，

您的胡琴、胡笳美妙旋律，

您的广袤的大国和吉祥的土地、江河，

[都]在那边啊！

因为哈儿固纳山[阳]更温暖，

因为哈屯古儿别勒只更美丽，

您就遗弃了故土蒙古国吗？

我的主啊！

您可爱的性命已经仙逝，

让我们带回您美玉般的遗体，

让您的孛儿帖哈屯瞻仰您的遗容，

把您送到您全体国众中！"

这样叩奏，合罕开恩[允许车子行进]，大车才辚辚作响开动，臣民皆大欢喜，[护送灵柩]到可罕大禁地。最永久的陵墓在那里建造，成为可汗和臣工的灶火，普天之下的供奉，永恒的守护——八白帐。

据说，因为圣主[西征]途中曾赞美母纳山，所以舆车毂才陷入泥里[不能前进]。

据说曾向全国发布假通告，将圣主穿过的衣服、帐房和一只袜子，安葬在[母纳山]那里。[合罕]真的遗体，有的说安葬在不儿罕合勒敦[山]，有的说安葬在阿尔泰山北麓、肯特山南麓的也客斡贴克地方。

乌云毕力格著《〈阿萨喇克其史〉研究》
中央民族大学出版社 2009 年 95—99 页

出征唐兀惕国与成吉思汗去世

却说，主上降旨说：

"禀承我上苍天父的旨意，

降伏了世上十二强暴的君主，

绥服了众多肆意妄为的小罕，

艰难地收集起散漫无统的民众。

我已经大致完成了所有的事业，

现在〔我〕要休养身心了。"

从那个戊辰年到丙戌年，〔主上〕安养了十九年，稳固地统治着泱泱大国，建树起玉宇大统，使全民〔尽〕享和平幸福。那个时候，合罕和臣民的福祉，与众天神天帝的洪福相等。

后来，主上降旨说："一来，从前我曾经立过誓；二来，现在只剩唐兀人还没有收服。"

【题解】本文记载了成吉思汗出征西夏国和成吉思汗的去世。文中神话色彩很浓，但记载了13—14世纪文献缺载的历史信息。

......

丁亥年三月十八日,〔主上〕出征唐兀国。途中,在杭海山打猎时,主上以神机降旨说:"将会有一只惨白色的母鹿和一只苍灰色的狼进到这猎围中来。把它们放出去,不许杀害!还会进来一个骑灰青马的黑脸人,把他活捉来!"于是遵令把进来的苍灰色的狼和惨白色的母鹿放了出去,把黑脸人捉住带到了主上〔面前〕。主上问:"你是谁的人?干什么来了?"〔那黑脸人〕说:"我是失都儿忽皇帝的人,失都儿忽皇帝派我来作哨探。

全唐兀中不曾输过的,
名叫哈喇·字东的就是我,
莫非该我的黑头落地了?
眼睁睁地就让捉住了。

任何走兽不曾追及的,
人称'善驰钢〔蹄〕'的青色马,
莫非四只蹄子在地上瘫了?
动也没动就让捉住了。"

主上降旨说:"真是条好汉!"没有杀他。〔主上〕又问:"听说你们的皇帝能神通变幻,他能怎样变?"〔黑脸人〕回答说:"我们的皇帝清晨〔可〕变作黑花蛇,白天〔可〕变作斑斓大虎,晚上〔可〕变作黄白小孩儿,根本捉不住他。"

却说,行军途中,字斡勒·别臣向主上禀报说:"您的弟弟哈撒儿在喝酒的时候摸过忽阑哈屯的手。"主上于是派字斡勒·别臣去向哈撒儿索要大皂雕的羽翎,〔哈撒儿〕说:"虽说〔你〕是全民之主,但是需要大皂雕羽翎的时候还是得我。"交给了大皂雕羽翎。〔字斡勒·别臣〕说是久存陈货,没接受就回去了。〔主上〕又派〔字斡勒·别臣〕前去命令〔哈撒儿〕:"杀一只宾鸿鸟献来!"〔哈撒儿〕看见宾鸿鸟飞着,问字斡勒·别臣:"要射哪个地方?"〔字斡勒·别臣〕回答说:"射黑、黄两色之间的地方。"〔哈撒儿〕于是射断〔宾鸿鸟〕的尖嘴交给〔他〕,〔字斡勒·别臣〕却说:"本来说要献给合罕真正的大皂雕羽翎,可这不是,这是宾鸿鸟,而且还沾上了血。"他又不肯接受,回去了。为此,主上非常生气。看到母纳山,主上说:"此地,

国亡时可在这里避居,

国安时可在这里放牧,

饥饿的鹿可在这里吃饱,

老年人可在这里休息。"

正在这时,一只猫头鹰在树梢上叫起来,主上心中犯疑,说:"哈撒儿,射死这不祥的东西!"哈撒儿一射,那猫头鹰起身飞去,空处刚好飞进来一只喜鹊,就被杀死了。主上喝斥〔哈撒儿〕说:"从前吧,你要和七晃豁坛人合在一起作乱;那天吧,〔向你〕索要大皂雕羽翎的时候,你〔又〕舍不得给;现在吧,让你射死那出声不祥的猫头鹰,却射死了报喜的喜鹊!"于是令人捆起哈撒儿,交给四个人看守。月儿鲁那颜禀奏说:"我的主上呵!常言说,好事常被坏事干扰,贤人的名德常被小人的罪过玷污。不祥的猫头鹰晦气,累及了报喜的喜鹊。请赦免您的弟弟哈撒儿吧!"主上正要恩准,可是想到先前有人说的谗言,就没有放〔哈撒儿〕。

却说,〔大军〕进到唐兀〔境〕,把朵儿篾该城包围了三重攻打。人称咒者"哈喇·抗噶"的〔唐兀〕老妪,登上城楼,不停地挥动黑旗,口念咒语,〔主上的〕士兵和战马便一片片地倒下。速不台·把都为此向主上禀奏说:"我主!大军中士兵和战马就要死光了。现在放了哈撒儿,让他来射死〔那个老妪〕。"主上恩准,让哈撒儿骑上主上的黑鬃黄骠快马赶来放箭,哈撒儿大王〔一箭〕射裂了〔那个〕老妪的膝盖接缝处,她摔下来死了。却说,当失都儿忽皇帝变作〔花〕蛇的时候,主上变作禽中之王大鹏;当〔失都儿忽皇帝〕变作老虎的时候,主上变作兽中之王狮子;当〔失都儿忽皇帝〕变作小孩儿的时候,主上变作天神之王上帝。失都儿忽皇帝不得已束手就擒。失都儿忽皇帝说:"如果处死我,将对你自身有害;如果赦免〔我〕,将对你的后代有害。"

主上说："对我此身倒不要紧,但愿我的后代平安!"于是……

却说,主上的病情加重,弥留之际降旨说：

　　"我的姻缘有素的贤明孛儿台·旭真哈屯,
　　我的融为一体的忽阑、也速、也速干三〔哈屯〕,
　　我的终生相伴的俊杰博尔术那颜,
　　我的鼎力相助的九月儿鲁伴当们!

　　我的铁石般的四个弟弟,
　　我的骏马般的四个儿子,
　　我的磐石般的众臣那颜,
　　我的仓廪般的泱泱大国!

　　我的玉宇大统,
　　我的哈屯子嗣,
　　我的纭纭臣民,
　　我可惜的土地!"

说完就要昏迷过去,这时雪泥人吉鲁干·把都儿禀奏说：

　　"您心爱的贤明的孛儿台·旭真哈屯将要逝去,
　　您的玉宇金廷将要散乱,
　　您的哈撒儿、别里古台两个〔弟弟〕将要悲伤沮丧,
　　您的众多臣民将要四散他方。

　　您自小结缘的贤明的孛儿台·旭真哈屯将要逝去,
　　您高崇隆盛的政权将要凋谢零落,
　　您的窝阔台、拖雷两个儿子将变得孤苦无恃,
　　您苦心收集的属众将要失去主人。

　　您巧结良缘的贤明的孛儿台·旭真哈屯将要逝去,
　　您的斡赤斤、哈赤温两个弟弟将要悲伤沮丧,
　　您广为收置、失之可惜的民众将要离散,

您出类拔萃的博尔术、木华黎两人将要凄怆悲伤。

沿着那杭海山的山阴行进，
您的众哈屯、儿孙将悲号来〔迎〕。
我们不知合罕圣主〔您〕去往何方，
我的主上，飞翔驾临。"

主上向上欠起身子，降旨说：
"对我寡孀孛儿台·旭真、聪慧的哈屯，
对我孤儿窝阔台、拖雷两人，
你们要真心诚意地〔始终〕与之相伴，
毫不动摇地永远为之效力！

玉石不生毛皮，
坚铁没有胶汁，
可惜此身不可能永生，
你们须勇往直前自强不息！

作事能成功便是事业的精华，
恪守诺言的人心地坚实；
你们作事要谨慎寡欲，要与众人合顺！
我的此身真要逝去了。

忽必烈孩儿出言不凡，
你们大家要按照他的话行事！
到时候，他会像我生时那样，
使百姓享福。你们不必愁。"

丁亥年七月十二日，〔主上〕在朵儿篾该城驾崩，享年六十六岁。

却说，〔众臣〕辇舆载着主上的遗体起程，全体属众挥泪随行。雪泥的吉鲁干·把都儿哭颂说：

"您像黄鹰一样飞去了吗？我的主上啊！

您竟成为辚辚舆车的载荷而去了吗？我的主上啊！

您果真撇下后妃子嗣而去了吗？我的主上啊！

您果真抛下属众臣民而去了吗？我的主上啊！

您像啼鸣的鸦鹊消失了吗？我的主上啊！

您像颤动的嫩草飘走了吗？我的主上啊！

您为使九色人众幸福安乐，

而在六十六岁升天逝去了吗？我的主上啊！"

行进之间，来到了母纳山的松软沼地，舆车的车毂陷进〔泥中〕一动不动了。挽上五色人众的骏马〔驾车〕，也没能拉动。全体人众正在犯愁，雪泥人吉鲁干·把都儿又禀奏说：

"受命于永恒苍天而降生的

我人中之狮天赐圣主啊，

抛下您全体臣民，

回到天境去了。

您结缘的各位后妃，

您建立的升平皇庭，

您肇始地缔造的法令典章，

您的万千臣民，〔都〕在那边。

您爱恋着结缘的哈屯，

您金碧辉煌的殿帐，

您奠定的神圣皇庭，

您收聚的臣民，〔都〕在那边。

您出生之地和浴身之水，

您繁茂生长的蒙古臣民，

您众多的官员和臣僚，

您的斡难河跌里温·盘陀故乡,〔都〕在那边。

您的枣骝马鬃制成的神纛,
您的鼓、钹、号角以及笛箫,
您的收聚了世间万物的金帐,
您在怯绿连河曲雕·阿兰即位的地方,〔都〕在那边。

您功成之前结成姻缘的贤明的孛儿台·旭真哈屯,
您的不儿哈图山、吉祥的辽阔营地,
您的博尔术、木华黎两位重要的伴当,
您的完美无缺地建立的宪章制度,〔都〕在那边。

您的靠神力结成姻缘的忽阑哈屯,
您的胡琴、胡笳等〔各种〕美乐,
您美丽的也速、也速干二哈屯,
您总揽万物的黄金殿帐,〔都〕在那边。

莫非以哈喇兀纳山〔更〕温暖,
莫非以外邦唐兀人多〔势重〕,
莫非以皇后古儿别勒只貌美,
果真抛弃了故国蒙古吗? 我的主上啊!

虽然未能保住您的黄金生命,
但送回您美玉般的明净遗体,
与您孛儿台·旭真哈屯相见,
〔让〕您的全体国众都满足〔心愿〕。"

禀奏到此处,主上开恩〔允许车子前进〕,大车才辚辚作响动了起来。全体臣民莫不欢欣,一直护送到称为罕·也客·哈札儿的地方。

却说,各后妃、诸王子们,以及众人一齐放声痛哭。由于请不出主上的金体,绝望之中,只好修建了永久的陵墓,在那里建起了普天供奉的"八白帐"。据说,主上的金体安葬在按台山山阴、肯特山山阳的"也客·斡帖克"地方。

〔主上〕这样结束了〔一生〕,〔但〕他永恒的名号"速图·孛黑答·大明·成吉思合罕"一直传扬至今。

乌兰著《〈蒙古源流〉研究》辽宁民族出版社

2000 年 223—231 页

未注明时间地点的言论

成吉思汗去世后子嗣与
官员们提及的成吉思汗圣旨

宗王忙该,那颜阿勒赤歹、晃豁儿台、掌吉等上奏道:"您的父亲成吉思汗曾降旨说:'野外的事情只在野外断处,家里的事情只在家里断处。如今引起合罕对古余克恼怒的事情,是野外的事情,若蒙合罕降恩,可否委付巴秃去断处。"

余大钧译注《蒙古秘史》河北人民出版社 2001 年 483 页

成吉思汗在各种情况下宣谕之卓越训信必里克
(他的足资垂训的言论)

1. 成吉思汗说:"凡是一个民族,子不遵父教,弟不聆兄言,夫不信妻贞,妻不顺夫意,公公不赞许儿媳,儿媳不尊敬公公,长者不保护幼者,幼者不接受长者的教训,大人物信用奴仆而疏远周围亲信以外的人,富有者不救济国内人民,轻视习惯和法令,不通情达理,以致成为当国者之敌:这样的民族、窃贼、撒谎者,敌人和[各种]骗子将遮住他们营地上的太阳,这也就是说,他们将遭到抢劫,他们的马和马群得不到安宁,他们[出征]打先锋所骑的马精疲力竭,以致倒毙、腐朽、化为乌有。"

2. "如果隶属于国君的许多后裔们的权贵、勇士和异密们不严遵法令,国事就将动摇和停顿,他们再想找成吉思汗时,就再也找不到了!"

3. "万夫长、千夫长和百夫长们,只要在年初和年终时前来聆听成吉思汗的训诫（必里克）后回去，就可以统率军队。如果他们住在自己的营盘（禹儿惕）里，不听训诫（必里克），就像石头沉没在深水中，箭射入芦苇丛里般地消逝得无影无踪。这样的人就不适于当首长！"

4. "能治家者即能治国；能率领十人作战者，即可委付以千人、万人，他能率领千人、万人作战。"

5. "能清理自身内部者，即能清除国土上的盗贼。"

6. "十夫长不能统率其十人队作战者，将连同其妻子、儿女一并定罪，然后从其十人队中另择一人任十夫长，对待百夫长、千夫长、万夫长们也这样！"

7. "经过三个贤人评定的话可以在任何场所一再重复地说，否则就不可靠。要将自己的话、别人的话同贤人们的话进行比较，如果合适的话，就可以说，否则就不应当说！"

8. "到长者处时，长者未发问，不应发言。长者发问以后，才应作适当回答。因为如果他抢先说了话，长者听他的话那倒还好，否则他就要碰钉子。"

9. "马喂肥时能疾驰，肥瘦适中或瘦时也能疾驰，才可称为良马。只能在这三种状态之一下疾驰的马，不能称为良马。"

10. "担任首长的大异密和全体战士们，出征时每个人都应规定名字和军事番号，正如他们出猎时规定好名号，他们要经常全心全意地向最高的主祈祷，祈求各方面顺利，让永恒的主的力量立即遍及 [世界] 四方。"

11. "居民 [在平时] 应像牛犊般地驯顺,战时投入战斗应象扑向野禽的饿鹰。"

12. "说话时要想一下 :这样说妥当吗? 无论是认真地说出去或者开玩笑地说出去,[反正] 再也收不回来了。"

13. "男人不能像太阳般地到处普照着人们。妇女在其丈夫出去打猎或作战时,应当把家里安排得井井有条,若有使者或客人来家时,就能看到一切有条有理,她做了好的饭菜,并准备了客人所需要的一切东西。[这样的妇女] 自然为丈夫造成了好名声,提高了他的声望,而 [她的丈夫] 在社会集会上就会象高山般地耸立起来。人们根据妻子的美德来认识丈夫的美德。如果妻子愚蠢无知、放荡不羁,人们也还是根据她来看丈夫的!"

14. "在混乱时应像人们所说的哈塔斤部人答剌海－兀赫那样地前往 :他在混乱中曾同两个那可儿外出。他们从远处看到两个骑马的人。"那可儿们说 :"他们才有两人! 我们三个去攻打他们吧!"他答道 :"我们既然看见了他们,他们同样地也看到了我们,不要去攻打 [他们] 了!"于是以鞭策马,疾驰而去。后来查明了,那两个 [骑马者] 之一为塔塔儿部的帖木儿－兀合,他在狭谷里埋伏有自己的五百名左右那可儿,他自己暴露在外,好让这三个骑士去攻打他,然而他就逃跑到 [埋伏] 地点,让埋伏着的那可儿们把他们抓起来。但是答剌海－兀赫猜到了这点,他疾驰而去。他另有二十名那可儿在附近地方,他与他们合到一起,将他们全体 [平安地] 带了出去。[这段故事的]含义为 :遇事必须谨慎小心。"

15. "我们出猎时打死了许多马鹿,我们出征时消灭了许多敌人。既然有最高的主 [为我们] 指引道路,[我们就] 容易成功,

人们忘掉了 [这个],却在这里看到别的东西。"

16. "再也没有像也孙拜那样的勇士了,没有人像他那样能干!但由于他不感到远征之苦、不知饥渴,他就认为与他在一起的那可儿、战士和所有其他的人们也都像他那样 [能] 忍受 [远征的] 劳累,而他们并不能 [忍受远征的劳累]。因此,他不适于担任首长。只有自己能知道这种饥渴并据以推知别人的情况,只有在行军时能考虑到不让军队饥渴、牲畜消瘦的人,才配担任首长。"

17. "就像我们的商人带来织金衣服和好东西并坚信能从这些布匹织物获得巴里失那样,军队的将官们应当很好地教会儿子们射箭、骑马、一对一地格斗,并让他们练习这些事。通过这样的训练把 [他们] 练得勇敢无畏,使他们像坚毅的商人那样地掌握他们所知道的本领。"

18. "我们的后裔将穿戴织金衣,吃鲜美肥食,骑乘骏马,拥抱美貌的妻子, [但] 他们不说 :'这 [一切] 都是由我们的父兄得来的',他们将忘掉我们和这个伟大的日子!"

19. "酒醉的人,就成了瞎子,他什么也看不见,他也成了聋子,喊他的时候,他听不到,他还成了哑巴,有人同他说话时,他不能回答。他喝醉了时,就像快要死的人一样,他想挺直地坐下也做不到,他像个麻木发呆头脑受损伤的人。喝酒既无好处,也不增进智慧和勇敢,不会产生善行美德 :[在酒醉时人们只会] 干坏事、杀人、吵架。[酒] 使人丧失知识、技能,成为他前进道路上的障碍和事业的障碍。他丧失了明确的途径,将食物和桌布投入火中, [掷进] 水里。国君嗜酒者不能主持大事、颁布必里克和重要的习惯法 ;异密嗜酒者不能掌管十人队、百人队或千人队 ;卫士嗜酒者将遭受严惩。"

20．"哈剌出即平民嗜酒者将完全丧失马匹，畜群和他所有的一切财产，变为乞丐；官员嗜酒者，命运将不断折磨他，使他忧虑不安。酒不管你是什么人，无论善恶好坏的人它都让你麻醉。酒使手麻醉，结果使手丧失了抓东西的能力和 [动作的] 灵巧；酒使脚麻醉，脚就不能行动和步行；酒麻醉了心，使心不能健全地思考。它毁坏了所有的感官和思维器官。"

21．"如果无法制止饮酒，一个人每月可饱饮三次。只要 [他] 超过三次，他就会犯下 [上述] 过错。如果他只喝两次，那就较好，如果只喝一次，那就更为可嘉，如果他根本不喝酒，那就再好不过了。但是到哪里去找这种 [根本] 不喝酒的人呢，如果能找到这种人，那他应当受到器重！"

22．"永恒的主啊，你知道和看到，阿勒坛汗是 [刮起] 战乱的风，他挑起了战乱。他无辜地杀死了被塔塔儿部抓住送到他那里去的我的父亲祖父辈的年长的族人斡勤－巴儿合黑和俺巴孩－合罕，我要取他的血，[为他们] 报仇。如果你认为我的想法是正确的，请从天上佑助我，命令天使、众人、善恶仙魔从天上佑助我！"

23．"我的箭筒士（豁儿赤）、卫队多得象密林般地乌黑一片，我的妻妾、儿媳和女儿们像火一样地闪耀着、发红，我愿他们口尝我所赐予的甜蜜，让他们从头到脚用织金衣服打扮起来、骑上步伐平稳的马、喝纯洁可口的水，我要赐给他们多草的牧场放牧牲畜，下令从大路上和作为公路的大道上清除枯枝、垃圾和一切有害的东西，不准长起荆棘和有枯树。"

24．"我们的兀鲁黑中若有人违犯已确立的札撒，初次违犯者，可口头教训。第二次违犯者，可按必里克处罚，第三次违犯者，即将他流放到巴勒真－古勒术儿的遥远地方去。此后，当他到那里去了一趟回来时，他就觉悟过来了。如果他还是不改，那就判他带上镣铐送到监狱里。如果他从狱中出来时学会了行为准则，那就较好，否则就让全体远近宗亲聚集起来开会，以作出决定来处理他。"

25. "万夫长、千夫长和百夫长们，每一个都应将自己的军队保持得秩序井然、随时作好准备，一旦诏令和指令不分昼夜地下达时，就能在任何时刻出征。"

26. "出生在巴儿忽真－脱窟木、斡难、怯绿连的男孩子，每一个都很勇敢，未经教导就懂道理，很聪明。那里出生的每一个女孩子未经装饰、梳理就很美貌，面色泛红，而且无比灵巧、伶俐，品德好。"

27. "他们(木华黎、孛斡儿出、孛罗忽勒、忽必来、赤老温、哈剌察儿、者台、把带、乞矢里黑)是我的前后的助手，是我的能干的、尽心竭力的奴仆，是我的神箭手，我的快马，我的手上的伶俐的鸟儿，我的拴到马鞍上的猎狗。"

28. 有一次，一个受人尊敬的异密巴剌－合勒札向他问道："你被称为英武的勇士，在你手中有何征服和胜利的征兆呢?"成吉思汗回答道："在我御极之前，有一次我独自走在一条道路上。在这条路上有六个人埋伏着，想要谋害我。我走近他们时，便拔出剑来向他们进攻。他们向我射过箭来。所有的箭都从我身旁飞过，没有一支射中我。我砍死了他们，安然无恙地通过了那里。我回来时经过尸旁。那六匹无主的马还徘徊着，没落到别人手中。我便将六匹马全部赶了回来。"

29. "我同孛斡儿出一起出去，山上有十二个人埋伏着算计我们。孛斡儿出落在我后面。我未及等他，仗着[我自己的]力气去攻打他们。他们十二人齐[向我]射过箭来,他们的箭在我身边乱飞,我向他们进攻着。突然有一支箭射进我的嘴里。我跌倒了,由于伤势严重我失去了知觉。这时孛斡儿出赶来了,他见我双脚在地上站不住,象圆球般地滚动着,见我象个垂死的人。他便立即烧热了些水送来,我漱干净嘴,吐出了喉咙里的凝血。已离开躯壳的灵魂[重又]回到了我的体内,知觉和行动恢复过来了。我站起来,重新向他们冲过去。他们见我这么厉害,大惊失色,全都从山上跌落下去摔死了。由于孛斡儿出在这个时刻表现出可嘉的忠诚,因此他和他的兀鲁黑就受封为答刺罕。"

30. "幸福的君主啊,你的年岁还没有老,为什么额发上出现了白发?"成吉思汗回答道:"最高的主想让我当万人、千人的首领和长老,让我立起幸福生活的大旗,因此他使我显现老态,这正是担任首长的征兆。"

31. 成吉思汗向众异密的首领孛斡儿出那颜问道:"对男子汉来说什么是最大的快乐。"孛斡儿出说:"男子汉带着冬季羽毛脱掉、[现在重新]长满羽毛的灰鹰,骑着养肥的好马,穿着好衣服,在初春时出去猎取灰头鸟,这就是最大的乐趣。"对孛罗忽勒说:"你也说吧!"孛罗忽勒说道:"放出鹰鹘,看它从空中用爪子击落灰鹤抓走,这是男子汉的[最大]快乐。"接着成吉思汗又问忽必来的儿子们。他们说:"打猎时放鹰,是人生[最大的]乐趣。"当时成吉思汗说道:"你们说得不好!镇压叛乱者、战胜敌人,将他们连根铲除,夺取他们所有的一切;使他们的已婚妇女号哭、流泪,骑乘他们的后背平滑的骏马,将他们的美貌的后妃的腹部当作睡衣和垫子,注视着她们的玫瑰色的面颊并亲吻着,吮她们的乳头色的甜蜜的嘴唇,这才是男子汉最大的乐趣!"

拉施特《史集》第一卷第二分册余大钧、周建奇译

商务印书馆 1992 年 354—362 页

关于成吉思汗御旨

成吉思汗在遣往四方诏谕各族归降的使信中，从来不施加威胁、恐吓，这倒是古代暴君的手法，他们经常拿他们广阔的领土、大量的甲兵粮草来吓唬他们的敌人；相反地，蒙古人最严重的警告是："如你们不屈服，也不投降，我们怎知道如何呢？古老的天神，他知道。"

志费尼著《世界征服者史》何高济译

内蒙古人民出版社 1981 年 28–29 页

关于成吉思汗重视狩猎

成吉思汗极其重视狩猎，他常说，行猎是军队将官的正当职司，从中得到教益和训练是士兵和军人应尽的义务，[他们应当学习] 猎人如何追赶猎物，如何猎取它，怎样摆开阵势，怎样视人数多寡进行围捕。

志费尼著《世界征服者史》何高济译

内蒙古人民出版社 1981 年 29–31 页

五箭训子和一头与多头蛇的故事

有天，他(成吉思汗)把儿子们召来，从箭袋里抽出一支箭，折为两段。接着，他抽出两支箭，也折为两段。他越加越多，最后箭多到大力士都折不断了。然后，他对儿子们说："你们也这样。一支脆弱的箭，当它成倍地增加，得到别的箭的支援，那怕大力士也折不断它，对它束手无策。因此，只要你们弟兄相互帮助，彼此坚决支援，你们的敌人再强大，也战不胜你们。但是，如果你们当中没有一个领袖，让其余的弟兄、儿子、朋友和同伴服其决策，听其指挥，那末，你们的情况又会像多头蛇那样了。一个夜晚，天气酷寒，几个头为了御寒，都想爬进洞去。但一个头进去，别的头就反对它；这样，它们全冻死了。另外一条只有一个头和一条长尾巴的蛇，它爬进洞里，给尾巴和肢体找好安顿之地,从而抗住严寒而获全。"他举了许多这样的譬喻。

志费尼著《世界征服者史》何高济译

内蒙古人民出版社 1981 年 44—45 页

成吉思汗可汗圣旨

圣成吉思可汗,感谢上天,降圣旨说:"你使大地之上,除了我自己的社稷,别无其他国家。在我之上,不叫再有其他权力;但是我的帽子还要戴在我的头上。"说着就摘下帽子,放在后边,叩头祝祷。

札奇斯钦著《蒙古黄金史译注》55 页

上天贻赠圣水甘露

〔却说〕,〔主上〕就那样把宿敌踏在脚下,把仇人抓在掌中,之后,起驾回程。正在大帐中闲坐之际,突然从上方帐顶飘下一口玉碗,里面盛满比果酒还要香甜可口的甘露,点滴不溢地落到主上手中。主上接住那〔碗〕独自喝了起来,四个弟弟说:"上天的恩赐,主上怎么可以一个人享用?"主上说那好,把剩下的〔甘露〕递给了〔他们〕。四个人忙争着喝,〔可〕就是咽不下去。于是四个弟弟启奏说:

> "你自在的忽儿木思塔天父,
>
> 给你这位圣主天子,
>
> 赐下宝觞甘露,
>
> 我们无知,口出妒语。
>
> 你果真是我们的天赐之主,
>
> 今后愿恪守你的旨意和法度。"

主上降旨说:

> "当年我上承自在天的旨意,
>
> 即合罕之位时,
>
> 下界龙王曾经贻赠玉宝之玺。
>
> 如今镇服宿仇顽敌,

又赠上天圣水甘露。

想来你们的说法有它的道理。"

乌兰著《〈蒙古源流〉研究》辽宁民族出版社 2000 年 158 页

成吉思可汗重视生日

"有洪福的成吉思可汗问他的儿子察阿歹说："在宴会中最重要的宴会是那一种？"察阿歹说："旧岁离开我们，新年临到我们，为互祝吉庆幸福而开的宴会，是宴会中最最重要的。"

圣成吉思可汗说：

"不对，如果没有生出，也未给你命名；

如果没出母腹，也未看见光明；

你能过谁的新年；

你能给谁命名！

今后，要记住在父亲创造，母亲产生的日子，恭恭敬敬的一起饮宴，才是你们最好的宴会。"

札奇斯钦著《蒙古黄金史译注》37 页

成吉思可汗对斡歌歹的喜悦

斡歌歹可汗的生日，斡歌歹可汗自己却忘记了，圣成吉思可汗说："嗳，斡歌歹，你明天早点来！"斡歌歹在第二天清早来的时候，路上遇见了好几个宴会，都有给可汗预备的美酒。为了尝一尝，就在那里下了马。圣成吉思可汗给斡歌歹预备好了酒食，等了很久。可汗就很不高兴的说："嗳！斡歌歹想不起来父亲母亲曾经怎样为他这个子嗣，身心憔悴啊！"正在说的时候，已经把晚餐的美酒和马头肉送上来了。此时外边有人来，可汗问："外边是谁？"回答说："是斡歌歹。"可汗说："进来！"可汗就降上谕说："唉！斡歌歹，我告诉你早点来，你反倒来得更晚！"斡歌歹说："我来得早，路上遇见了几个宴会，因为以前我的汗父你曾经说过：'遇见现成的饮食，若是躲避的话，将要丢掉福分。'因此来晚了。"经这样回答之后，可汗的怒容稍霁，用刀子剜了马头一块右腮,吃着说 :"唯有斡歌歹把我所有的法度圣旨全都实行了,以后你仍要这样才好! "

札奇斯钦著《蒙古黄金史译注》37-38 页

论酒

汪古部阿剌兀思剔吉忽里曾奉酒六尊于成吉思汗,时朔方未有酒,太祖(成吉思汗)饮三爵而止,曰 :"是物少则发性,多则乱性。"

《元史·阿剌兀思剔吉忽里传》中华书局 1976 年 2924 页

成吉思可汗教训四子的故事

有洪福的圣成吉思可汗教训他的四个儿子,曾降上谕说 :

"攀登高山的山麓,

指向大海的渡口。

不要因路远而踌躇,

只要走,就必达到 ;

不要因担重而畏缩,

只要扛,就必举起!

吃肉的牙,长在嘴里 ;

吃人的牙,藏在心中。

体力坚强,只能战胜独夫 ;

意志坚强,才能战胜万众。"

札奇斯钦著《蒙古黄金史译注》45-46 页

成吉思可汗教训四杰的故事

有洪福的成吉思可汗曾恩赐他的四杰降上谕说 :

"被三部篾儿乞惕人围困,逃到不峏罕山上,

前面受着逼迫,

后面受到包围,

我几乎被俘,幸蒙长生天给敞开了门锁。

163

如今把这些百姓聚集一起，

用你们来执掌长辔。

我开始创业的时候，不过有亲信一两个，

如今我做了万众的可汗国家的君主！

自今而后，我的子子孙孙，

要把我苦斗得来的可汗名号谨慎爱护，

要把我奔波得来的无缺河山永系稳固！"

札奇斯钦著《蒙古黄金史译注》46-47 页

成吉思可汗教训四子的故事

有洪福的圣成吉思汗曾教训他四个儿子，降上谕说：

"从日出之地到日落之地，收抚了许多国家百姓，

我曾把许多心肝不同的，叫心肝合一；

我曾把头脑完全相异的，叫头脑一致。

叫那些心地不良的人们去懊丧，

叫那些顽劣庸愚的人们受折磨。

我的子嗣们啊！

你们不要意志不坚；

不要内心沮丧；

但要谨慎坚定！"

札奇斯钦著《蒙古黄金史译注》47 页

成吉思可汗教训诸子

成吉思汗从那次远征归来途中在阿拉坦吉拉下营，降上谕说：

从今以后你们

攀登高山

渡过大河

将皮马镫变长

将铁马镫变薄

远征并治理诸国时要记住

与其约束肉体

不如夺取人心

如果心在掌中

肉体还能走掉

成吉思可汗训示诸弟、诸子

又训示诸弟，诸子，降上谕说：

"从日出之地到日落之处，

蒙天恩赐，享有大地，

叫执掌社稷的诸弟诸子出生，

将协同治理国家的众长老赐我，

叫我成为万邦的中心，

诸国的纲纪。

我自应充当中心，维护社稷安定，

充当纲纪，谨慎执掌国家。

我的诸弟，诸子啊！

你们要谨守正当传统，为了社稷，要作毕生的努力！"

"我的众长老们啊！

你们不要顾虑自己，为了国家要劝进谏言，提醒我！

得着贤能，不要使他们远离自己；

得着贤能，使用宝贝换取他们的喜悦，对你们仍有大利。

汗腾格里把一切邦国都赐给我了！"

"我的儿子和子子孙孙们啊！

今后要小心，谨守我辛辛苦苦建立的社稷，

艰艰难难创立的功业！

创业虽难，如不谨守，崩溃就在瞬间。

我受尽艰难，开创基业，你们切要注意此点。

比起创业,守业更是要紧!"

"我的子子孙孙们啊!
你们与其自大,无宁记住旧训格言,
罔立大志,莫如好自治理各方!
你们如果能抑制冲到嘴边的怒气,
暴力和愤怒又制得住谁呢?"

"我的子孙们啊!
不要心志高傲像一座高山,
山岳虽高,野兽仍可爬上它的峰巅。
即使心志宽阔像一片深海,
洋海虽深,人在其上仍可横渡不死。
不为他人所胜,这才是生而为人的指标!
你们的嘴虽然多,如果你们听见的声音少,仍是没有益处!
拿任何一种道理来比照,都可以敦品励行!
真言劝谏的人,比任何一件事体,都应受到尊重。
一个明了治国之道的人,胜过亿万的凡人。"

"我在黑林里行猎,为你们把雄野猪给抓得尽绝,
如果不能把雄野猪的族类彻底关住,
叫他们逃回黑林,必将成你们身体的祸患!
我在高山上行猎,为你们把熊子给抓得干净,
如果不能把野熊的子嗣管理得法,
叫他们逃回高山,必将成你们身体的忧虑!"

"旧衣服破碎了就刮在草丛上。
礼法若是断绝,可汗就和黔首齐观等量。
新衣服裂开了就刮在蒿子上。
礼法若是断绝,可敦就和婢女不分高下。

若无智慧能力，

就是连胯下的山羊羔子，也不易杀着吃；

若有智慧能力，

就是连山下的青羊羔子，也不难杀着吃。

针尖儿虽小，曾使许多可敦痛哭。

鲹条鱼虽小，曾把不少手掌划破，

抑制骄傲和暴力，运用智谋，

才能充当众人的君主。"

"岩石多处，不易擒狐；

草丛多处，不易罗兔；

灌柳多处，不易寻牛。

可汗贤明，庶民之光；

红石多处，山羊群聚。

四善俱备，可汗之乐；

可汗贤明，庶民之乐。

丈夫良善，妻子之乐；

和平亲睦，万众之乐。"

"不知道可汗的恩典，

等背离了正主之后，

就会想起你可汗的恩典；

不知道丈夫的恩爱，

等离弃了亲夫之后，

就会想起你丈夫的恩爱。"

"可汗若是学庶民的性格，德行，

必将失掉他的全国；

庶民若仿效可汗的品格，行为，

必将毁坏他的头颅。"

"汗腾格里是可以崇拜的；

白水是不能煮成干饭的；

妇人女子是不可依靠的！"

札奇斯钦著《蒙古黄金史译注》48—52 页

成吉思可汗训示诸弟

有洪福的成吉思可汗曾教训合撒儿等诸弟，降上谕说：

"我把斡难河的河湾砍成渡口，

这是为了子子孙孙和斡儿朵所造成的渡口；

我把客鲁涟河的河湾改成渡口，

这是为了成器的亲族，和房屋，车辆所造成的渡口。

今后我的诸弟，亲族，

切莫折断我所安放的渡口！

若听众人的闲话，想要折断呵，

就是砍断你们自己如乔木一般的身体了！

切莫违反蒙天佑护所定的制度！

若听心怀贰意之人的话，想要废掉呵，

就必被我的圣旨和法律所灭除！

切勿成为弟兄们的耻辱！"

札奇斯钦著《蒙古黄金史译注》52—53 页

可汗对子嗣或亲族的教训

成吉思可汗教训他的众亲族，降上谕说：

"滚滚江河中的鱼，

在不注意中，冷不防的，会被鱼网捞去；

若是聪明警醒呵，就应藏在江河的深水里。

要了解体会智慧人的话语，做为你的箴言；

若是愚昧人说话，就可看他一眼，赶快走开！

不涸深潭里的鱼，

在不注意中,冷不防的,会被鱼叉捉去;

若是警醒聪明呵,就应藏在不涸的潭水里。

要警惕思考正直人的话语,做为你的箴言;

若是虚伪人说谎,就可望他一眼,急速走开!

你们要明白切记在心!"

札奇斯钦著《蒙古黄金史译注》60 页

成吉思可汗对他诸子志趣的批评

成吉思可汗和他四个儿子一同饮酒,首先拙赤醉了,其次察阿歹醉了,再其次拖雷醉了,最后斡歌歹与可汗兴尽而散。翌晨聚会的时候,谈到昨天喝醉的原因,可汗说:"我儿!你们坐在这里谈谈昨天你们所想到的,我先到前边去和长老们商谈国事。"到了前边可汗就派一个扫地的人去,对他说:"去看看我儿子们说什么?"

那时皇子们正在谈论什么是最快乐的事。拙赤说:"我想谨谨慎慎的牧养家畜,挑选最好的地方叫斡儿朵安营,大家在一起宴会享乐,就是最快乐的事。"察阿歹哥哥说:"在我想来,克服敌人,击溃反叛,叫有骆驼羔儿的人们能给幼驼穿鼻孔。长征去把戴姑固冠的美女掳回来,是最快乐的事。"斡歌歹说:"我想使我们有洪福的汗父艰艰苦苦建立的大国,得到平安,叫百姓们手有所扶,足有所踏,使国家人民长治久安。公平的执掌国政,使年老的长辈们享安乐,叫生长中的后生们得平安。这才是最快乐的事。"拖雷说:"骑上调练好的良驹,驾着训练好的猛鹰,到深泽行猎,去捉布谷鸟。骑上调练好的花斑马,驾着红色的海青鹰,到山谷行猎,去捉花斑鸟儿,是最快乐的事。"

那个扫地的,去把这些话完全告诉了成吉思可汗,可汗说:"拙赤从小就喜爱家畜,所以他那么说。察阿歹从小就和我一同从征建立国家,所以他那么说。拖雷说了不成大器的话。斡歌歹的话实在好!"

札奇斯钦著《蒙古黄金史译注》62–63 页

成吉思汗的几句格言

奉上天之命,生而有洪福的,圣成吉思可汗降上谕说:

　　"心怀贰意的男子算不得男子,可以唤做女人;

　　一心一德的男子不再是男子,可以称为宝品;

　　一心一德的女子不再是女人,应当视同丈夫;

　　心怀贰意的女人也不是女人,不过是一只狗,

　　像这样的人怎能做为伴当呢?"

札奇斯钦著《蒙古黄金史译注》63—64 页

论酒

成吉思可汗降旨说:

　　"庶民若是喝了纯酒,就认为比什么都强。

　　苛政若是临到头上,那将要比猛犬还坏。

　　老鼠若是尝了粮渣,就像做了可汗一般。

　　狐狸若是逃脱跑来,就要彼此争夺洞口。"

札奇斯钦著《蒙古黄金史译注》64 页

成吉思可汗训谕

成吉思可汗又降上谕教训人说:

　　"在门上划破出血,屋边的土可以来救;

　　厮杀死战陷于敌中,故旧亲族前来营救。

　　前额上流出血来,向阳的土可以来救;

　　冲杀死斗陷于敌中,年老精锐的亲族前来营救。

　　平静的年份,巩固和平,储备急变时的应用。

　　你们要谨慎节省!"

札奇斯钦著《蒙古黄金史译注》64—65 页

成吉思可汗与豁阿·薛禅的谈话

成吉思可汗叫豁阿·薛禅说话,豁阿·薛禅说:

"我的才能，

上了山岗；

我的聪明，

进了原野，

早就不在我记忆中了。

锋利的钢，若是纯的，不用磨石，不能割物；

快马良驹，若是瘦了，不生筋肉，不能奔驰；

猛狮力强，若是老了，仅能防护它的颈项；

良驹骏马，若是老了，惟有听从人的指使。"

可汗还叫他说，他就奏禀说：

"最好的衣服莫过铠甲，但不能在宴会上穿它。

最好的字句莫过数字，但不能把它完全数尽。"

可汗说："把话里边当说的都说了，也没有什么再可以说的了。"

札奇斯钦著《蒙古黄金史译注》65—66 页

成吉思可汗和忽亦勒答儿的一段谈话

忙忽惕氏的忽赤勒答儿·薛禅对成吉思可汗禀奏说：

"与其保有堆积如山的黄金，

莫如谨守小似口腔的智慧。

身外之物不及性命重要。

说出一百句话，莫如守住一种德性，

说出一万句话，莫如做好一件正事。

万句话中，能说对的不过一件，

百句话里，好的品格或有一种。"

札奇斯钦著《蒙古黄金史译注》66—67 页

爱惜社稷

成吉思可汗说：

"我黄金的身躯若得安息呵，

恐怕我伟大社稷就会松懈。

我伟大的身躯若得休息呵，

恐怕我的全国就会发生忧虑。

我黄金身躯劳碌，便叫它劳碌吧，

免得我伟大的社稷松懈。

我伟大的身躯辛苦，便叫它辛苦吧，

免得我的全国发生忧虑！"

札奇斯钦著《蒙古黄金史译注》67 页

成吉思可汗与忽赤勒答儿的谈话

成吉思可汗问忽赤勒答儿说：

"动物之中不能追的良驹是什么？

人所不能及的智慧是什么？"

忽赤勒答儿回答说：

"野山羊是动物之中不能追及的良驹。

省察品德，量力而行，是人所不及的智慧。"

札奇斯钦著《蒙古黄金史译注》67 页

成吉思可汗及察阿歹对处分
擅离宿卫职守的失烈门的意见

兀忽儿台氏的失烈门擅自离开了他在宿卫中应值的班。当可汗父亲还没有对那些庶民说什么的时候，察阿歹哥哥就说："处决失烈门，给众人做个警惕！ 若是不能处决失烈门，那还怎样治理众百姓呢？"

兀忽儿台氏的失烈门说："在还没有生你察阿歹的时候，在还没有收抚众百姓的时候，我就向你汗父效力。

我曾用腿拨开那令人发颤的寒雪，

在腋下夹着满了汗污的马鞯，

用牙缝的一点肉充饥过宿，

用嘴里的一点唾沫来解口渴。

在你的宴会,我曾竭力侍奉,

对你的人民,我曾尽力效劳,

在你血战中,我曾立下血汗战功。

坚韧像熟好的牛皮条,红涨着脸,似红的柽柳条。

你的可汗父亲,曾叫我的祖先,

骑上他的战马,

拿着他的兵器。

赏给他自己的衣服,

分给他自己的食物,

叫做他部属的首长,

赐给优渥的恩宠。

当我还小的时候,

叫我睡在他的腿旁,

叫我骑在他的马上,

用手摩抚我的头,

视我如同他亲子。

你的汗父虽然生而愚憨,可是把所收抚的少数百姓渐渐变成了海洋。你生来比你父亲明敏,但愿你能长久掌握所收抚的百姓! 快把我处决吧!"

成吉思可汗降圣旨说:"把谁建立的谁来拆散呢? 把谁收抚的谁来折磨呢? 等我离开之后,再折磨他们,在我还活着的时候,不要叫他们受折磨了!"

等察阿歹哥哥出去之后,成吉思可汗降圣旨说:"察阿歹对! 失烈门,你错了! 因曾多次出力,这一次饶恕了你,可是要小心别人效尤!"

札奇斯钦著《蒙古黄金史译注》68—70 页

成吉思可汗对断事官们的训示

成吉思可汗关于词讼之事任命了断事官员,降旨教训他们说:

"可汗的社稷，

不能在黑暗中得圆满，

不能被友伴们所侵蚀。

要一心一德的去做事。

小心不要偏袒了任何一方，

所说的不得有差别。

未犯重罪的，

不得从重刑罚。

不要让有所声辩的人哀号。

不要让善于言词的人闪烁诡辩。

你们不要在底襟上系了铃铛，

不要在裤裆里带上雪撬！"

札奇斯钦著《蒙古黄金史译注》71 页

札木合的劝诫

成吉思可汗与札木合一同走的时候，圣主的马失了前蹄，主就用马鞭来打那匹马的头，札木合看见就笑了，主就降旨问他说："札木合你有什么可高兴的？"札木合回答说：

"压住苍茫大地的是不儿罕山。

做为举国之主的，就是圣人你！

腿脚的过失，头脑要负责，

子嗣的过失，父亲要负责。

苍茫大地的过失，不儿罕山要负责。

全国的过失，圣主你要负责。"

这样回答，主认为很对。

札奇斯钦著《蒙古黄金史译注》105 页

遵照圣成吉思可汗的圣旨蒙格秃·薛禅禀奏

圣成吉思可汗又降上谕叫蒙格秃·薛禅说话，他就禀奏说："从前有一条千头独尾的蛇，它的头想各走各自的方向，互相牵制,被车给轧死了。还有一条千尾独头的蛇,它的尾巴都跟从那唯一的头钻进一个洞里,而没有被车轧着。正像这条蛇一般,我们来做你一千个尾巴,谨慎效力!"之后,他又说(也可能是别人说的,原文不清楚):

"破坏宴会的是风雨;

破坏围猎的是悬崖;

破坏纲罟的是狐狸;

破坏好梦的是恶行。"

札奇斯钦著《蒙古黄金史译注》53—54 页

追讨合撒儿

国主命:"速不台把阿秃儿去追赶!"次日清晨宣谕:

"出若骏马之首,

蟠若黄冠之璎,

曲若绣帘之卷,

固若盘石之坚的巨大威力的我的伴当、影子;

森列若竹,拱卫若城的我的属民、军士们,尔等听着:

平素动作时,应该象牛犊般地行走;

奋起搏斗时,应该象兔鹘般地冲撞;

敌我交战时,应该象鹰隼般地飞腾;

驻营动作时,应该象牛犊般地行走;

训练挺进时,应该象鹰隼般地驰骋;

欢笑亲昵时,应该象牛犊般地驽钝;

与敌搏斗时,应该象鹰隼般地冲击。

你们要似饥饿之虎,争食之雕;

你们须白昼如雄狼,你们须黑夜似乌鸦。"

传令既毕,速不台把阿秃儿回奏:"尽力追,竭力赶,仰仗我主的洪福。"说完,立刻追了下去。

朱风、贾敬颜译《汉译蒙古黄金史纲》15—16 页

洪福成吉思汗御旨

奉上苍之命降生的洪福的成吉思汗降旨道：

"三心二意的男人不是男人是女人，

一心一德的男人不是男人是宝器，

三心二意的女人不是女人是一只狗，

一心一德的女人不是女人是大丈夫，

怎么能和这种人做伴当。"

成吉思汗降旨道：

"若庶民喝酒，

受到法律之惩处，

与狗不如。

若喝酒，

自以为和诸王一样。

黑嘴狐狸拼命逃跑，

定是跑向洞穴窝窟。

庶民得福享福，

可汗福荫所致。

安居宫室之哈屯，

幸福美满，

仰赖丈夫之品行。

可汗若效仿庶民举止，

必将失去江山宝座。

庶民若效仿可汗气度，

必将丢掉其头颅。"

成吉思汗降旨道：

"旧衣服一旦破碎，在树丛上挂勾。

若众叛亲离，则可汗与庶民无区别。

新衣服一旦撕乱,在蒿草上挂勾。

若众叛亲离,则哈屯与婢女无区别。

可汗若失足哈屯救之,

兵士若失足亲族救之。

厮杀若失足兵士救之,

兵士若失足亲族救之。

无论和平或征战之时,

勿引起争端。"

成吉思汗命豁阿·薛禅献言,豁阿·薛禅曰:

"吾阴阳之谋已乏,

吾睿智之计已困。

即便如此献几句。

钢刀变钝不磨不行,

快马消瘦无法奔跑。

狮子年迈守老鼠洞,

臣相年迈听从他人。"

成吉思汗非常赞同豁阿·薛禅的话,命继续献言,豁阿·薛禅曰:

"铠甲虽好宴席时不能穿。

箴言虽好一言难尽。"

成吉思汗命曰:"道理说到家了,再没有可说的。"

唐兀氏畏达尔对成吉思汗说:

"与其拥有堆积如山的金子,

不如掌握谷粒大小才能。

与其千言万语,不如懂一句话。

与其说一万句,莫如做好一件正事。

一句箴言亦能概括千言万语。"

分封察合台兄到回回地面时成吉思汗降旨道：

  "将儿子派遣到遥远之地，

  旨在管理所占领之地，

  另立门户独当一面。

  重视国之纲纪，

  履行臣僚职责，

  维护和平。

  成为我敏锐眼睛，

  灵敏耳朵，

  那才是身为儿子的最大孝顺。"

成吉思汗降旨道：

  "吾黄金般身体若图安逸，

  吾伟大国家将会分裂。

  吾高大身躯若图安乐，

  吾完好江山将会骚乱。

  玉体受累无关紧要，

  大好江山万世勿恙。

  肉体吃苦无关紧要，

  完好江山切勿分裂。"

成吉思汗训诫四子曰：

  "若得贤才勿远离身边，

  赏赐珍宝发挥其才学，

  将会受益匪浅；

  一旦得着贤士和能人，

  就让他们紧随身边不叫远去，

  要用珠宝换取他们的喜悦，

  让他们称心如意献计出力。"

成吉思汗询问畏达尔薛禅曰：

"驷马难追之睿智何也？"

畏达尔薛禅曰：

"路遥知马力，

了解自己性格，

慎重其事，

则为睿智也。"

选自《成吉思汗传》特睦格图北京 1925 年

《智慧的钥匙》

皈依至尊喇嘛三宝。

略提古代圣主成吉思汗所撰箴言。

君主欲聚集百姓则要慷慨施舍，

想要治理无误则要重用官吏，

想要增强势力则要重视养兵，

要享清福则要和睦相处。

白日事毕晚上自省，

劝戒可耻犯罪行为。

众人之中慎言。

独处时须慎独。

与众人和睦相处。

辨别取舍之分。

问清鸿志与私念，

秉持不变之恒心，

为僧俗众生效力，

养众生以慈爱之心，

教养如同父母。

按经律治国，

使众生幸福，

使亲戚安康。

鼓励坚持真理者，

惩处罪恶之徒，

教养子女与臣民一视同仁。

若办事持之以恒，

国坚如盾，邦强如甲。

不顾自身安逸，

不烦他人之事，

则近君子之道。

不善待而恐吓，

与臣仆钩心斗角，

与亲朋无理取闹，

与陌生人交而复敌，

虐待亲近者，

祸害家族人，

不敬畏国法，

听信小人之谗，

怀恨善人之言，

以狂言树敌，

以黑心害众，

以上诸行尽摈弃。

僧人之德，

仁慈为贵。

帝王之德，

仁爱为贵。

哈屯之德，

贤惠为贵。

臣相之德，

平和为贵。

僧侣虽精通学问，

若无慈悲之心，

满腹学问无济于事。

帝王之权虽至高无上，

若无怜悯之心，

则轻于鸿毛。

哈屯虽娇弱多姿，

若无贤惠之心，

则终将被休弃。

臣相虽才德兼备，

若无平和之心，

则被视若豺狼，

故持平和之心。

那颜若凶如狮，

随臣必似虎。

那颜若猛如虎，

随臣必似豹。

那颜若暴如豹，

随臣必似狼。

那颜若贪如狼，

随臣必似狐。

故害及百姓。

众人应习善言善行。

若鄙视大福之人，

则将丢失口福。

若毁坏孤寡者幸福，

则必将自毙。

若诋毁助人者，

则天诛地灭。

若献媚害己者，

则将一事无成。

初见不必夸奖,

初交不必迁怒,

日久见人心。

既然相处不必急于分手,

既然信任不必隐瞒。

与奸诈之人不可深交。

不可听信恶人之言。

不可倾听妇人之谗。

不可授权于奴婢。

不可与黑心人商量。

不可毁坏众议之事。

不可迷恋罪孽之事。

不可阻拦造福之事。

不可因区区小事,

使出力之民灰心。

初见急于夸奖,

初交急于夸耀,

不久吵架分离,

若无其事者,

实属败类之徒,

尽早离弃之。

高傲自大,

自吹自擂,

自视君子者,

实属不知羞耻之徒,

尽早离弃之。

若遇盛怒者避之。

若遇嗔重者理之。

常助亲族者势必大增。

常守国法者美名大扬。

常循圣人之道者万事大吉。

不分尊卑善待众人者，

必得众友人。

恩典及远方者，

声名远扬。

赏赐及近处者，

势必大增。

身处异地善智勇，

亲族之间善亲和。

不虔诚之信徒，

不如善男信女。

不懂治国之君，

不如平和之吏。

不知廉耻之哈屯，

不如懂礼之婢女。

不懂节俭之纨绔，

不如勤奋之奴仆。

吝啬之心如羁绊，

狠毒之心如利剑，

怀恨之心如巨毒。

欺骗友人，

犹如欺骗自己。

知心朋友之良言，

至死不能忘怀。

对生死不离之挚友，

不可讲刻骨铭心之坏话。

对不听劝告之坏人，

无需多言，

否则无稽之谈。

与不懂事理之愚者，

莫费口舌，

否则羞辱难堪。

似懂非懂之小人，

狂妄相处智者，

必败无疑。

爆发之徒，

狂妄相处大人，

后悔莫及。

狮子以凶猛著称，

狐狸以狡猾著称，

狮之凶猛与狐狸不符，

狐之狡猾与狮子不符。

狮若效仿狐狸，

其威风丧尽。

狐若效仿狮子，

其死期来临。

人应审视此举，

量力而行为宜。

二人若齐心合力，

坚如磐石。

二十人若不齐心，

脆若断壁。

众人若不齐心，

则被孤儿耻笑。

众人若不团结，

则败于孤军。

成群聚集之喜鹊，

胜过零散之老虎，

故以齐心为贵。

不要听信谗言，

迁怒知心朋友。

精于观察了解，

善于审视自己。

心怀恶意之人，

看不惯他人友谊，

离间讥笑，

实属可能。

狡猾奸诈之徒，

常以甜言蜜语迷惑人，

一旦得逞，

幸哉乐祸讥笑人。

认清方能交朋友。

谎言务必弃之。

被识破则被轻视。

狂妄之言则弃之。

被识破则易与他人结仇。

偷盗撒谎一生之耻辱，

终将落入地狱，

故提前斩断。

顶礼善行之喇嘛。

拥戴仁爱之那颜。

以性命恪守诺言。

抛弃狡猾与奸诈，

与众人和谐相处。

不可背叛君主。

不可与官吏交恶。

不可贪图喇嘛之财。

务必推戴咒师。

不可规劝荒唐之徒。

不可小看弱小之人。

不可心怀淫荡之心。

务必信守佛祖。

不可辱骂君臣。

务必知晓畏与羞。

众人之品性，
务必设法揣摩。

与心坏之亲戚相比，
陌生人强百倍。

仇敌面前不可示弱。

仇人面前不可出丑。

敌人无远近之别。

勿亲近黑心之人。

勿排斥有益之人。

勿欺侮老实之人。

勿袒护错误之人。

爱惜行为不当之人，
则深受其害。

诋毁行为端正之人，
则懊悔之源。

务必分清善恶真假。

施舍良民器重之。

地位虽高，
以谦卑之心与众相处。

若遇挫折务必坚强无悔。

不可指望他人之力，
以自力完成其事。

时刻警惕外敌之患，
亲族之间谨慎相处。

尊重大人爱养下民，
以性命供养佛教。

为他人之利舍身。

锲而不舍则与君子无异。

卑鄙无耻而妄自尊大，

鄙视善人，

将无稽之谈比作真理，

妄自尊大，

以诈骗之术骗取吃喝，

欺压下民者，

与禽兽无异。

阳奉阴违，

贪图小利，

心胸狭隘，

玩世不恭，

恬不知耻之徒若被惩处，

对后人有利。

不顾自身利益，

真心实意努力，

不顾阳奉阴违，

不念个人得失，

一心坚持不懈，

从不顾及厌烦，

始终孜孜不倦，

敢于面对艰难，

幸福时不奢侈，

爱之心不间断，

相斗时不泄气，

一辈子不变心，

则对后辈有益。

人间事纷纭杂陈，

人心叵测总难免，

奸诈虚伪者众多，

故如何才能坚持。

一生坚守利人心。

有益之人柔如水。

歹毒之徒僵如木。

常劝诫他人之错，

切莫要夸耀自身，

务必要慎言厉行。

时刻造福于僧俗，

岂能常遭遇祸害。

人生在世无长生，

务必常念人间短。

地狱之门不关闭，

务必远离作孽事。

永恒资粮则经卷，

至尊安康菩提道。

不读哲人之经卷而宣道，

不晓官员之睿智而论政，

此二举愚蠢至极。

犯罪则严刑难逃，

作孽则地狱难逃。

祸福源自因果报应，

若想得永久之幸福，

务必慎行积德。

不可违背至尊喇嘛之道，

不可违反英明君臣之令。

不可忘记父母之教。

不可顺从奴婢之言。

愿各种幸福产自此箴言。

此外诸经卷教诲曰：

听闻至尊被人拥戴，

幸福至尊心安理得，

朋友至尊直言不讳，

业至尊菩提道次第。

子若有害务必遗弃，

敌若有益可养育。

虽然有众多眼睛，

照亮黑夜则需孤灯。

虽然有众人聚集，

指明方向则需圣人。

与其盖住布满荆棘之大地，

不如盖好自己双脚。

与其教诲众多愚民，

不如教诲自己。

为首之那颜，

能养活属民之道理为，

惩罚犯人使众生幸福。

幸福之时必自省，

困难之时必坚强，

无敌之时必磨刀，

因为疑心而不可弃友。

知晓上述则为善。

金子越擦越发亮。

煤炭越洗越发黑。

智者被激怒越明。

激怒愚蠢者越愚。

恶人若没有知识，

形似人实如牛。

贪吃而不听训言者，

犹如不毛之猪。

贪图吃喝之奸诈人，

犹如秃尾之狗。

给恶人所做好事，

盐碱地之所种田，

以丝绸包食物，

这三样徒劳无益。

凡事均能纠正，

唯恶人之性难改。

众人称喝酒为幸福，

患病者寻欢作乐岂能称幸福乎？

用坏人办事自找麻烦，

不得而为之终将重办。

倘若远行则半途折返，

信口雌黄惹口角。

欺骗父母挥霍钱财，

反而怨恨父母没有满足。

听信妻子当岳家奴，

欠债累累害及亲族。

偷鸡摸狗害及性命，

如此这般自作自受，

反而埋怨兄弟者，

不乏其人。

既然获得高贵人生，

理应躲避上述诸恶。

明知明日辞世，

今日也要学习。

若肯努力学习，

来世将有好报。

畜生既能练本能，

何况高贵之人生，

勤勉则能获人生知识。

活着时多造福，

年轻时多学德，

健康时多事佛，

富裕时多施舍，

此乃成功之母。

顶礼成佛之喇嘛，

敬尊知善恶之君主。

临终之人惧怕喇嘛。

穷苦之人惧怕猎犬。

堕落之官惧怕良臣。

若行善则声名远扬，

为自身带来好名声。

阴阳五行在掌中，

过分奸诈易被人看穿。

雨水虽溢易消失，

江河虽流归大海。

忠良之大德义人，

胸怀容纳善恶之人。

愿凭借圣主成吉思所撰此箴言，

政教二道安康永固。

啊！愿众民以此奇妙之原理，

观察自身，认真觉悟，

则与今世之道吻合。

故研读名曰《智慧之钥匙》之训诫。

圣贤宁可去探究破损之玉石，

而不去过问整块之煤炭。

鸟王凤凰喜欢太阳东升，

聒噪老鸹喜欢黄昏来临。

雪山白狮，

从不走黑暗山岭。

蝙蝠喜欢黑夜飞翔，

萤火虫虽布满三界，

阳关照射则消失。

勉励修习知识技能，

英名远扬。

未分清罪与德者，

犹如愚人躲避智者，

反去尊重耍猴之人。

明白如此众多之原理，

理应弥补祖传之德行。

不学无术，

反学骗术，

养生之典故曰：

古时，有人背着农田看护人，

给驴披上豹皮而放进农田，

使众人惧怕，

豹皮被风刮掉，

农田主认出驴，

将其主与驴一起杀之。

据说猫咪假装信佛，

手持念珠偷吃老鼠，

终被发现。

典故称揭狐狸之短反被狐狸揭穿。

真才实学如同金子，

金子投入火中越发亮。

檀香投入火中越发香。

火苗朝下反而向上旺。

有德之人受人尊敬。

缺德之人被人藐视。

据说饿虎之吼声中，

躺在树梢之猴子，

自行跌落而被吃掉。

据说帕格吉拉国婆罗门之子，

独自一人降服众敌。

蚂蚁虽小能穿地。

贤人则能号召众人。

燕子不喝地上脏水。

狮子不吃自己所吐。

善人不食言。

狗吃自己所吐物。

恶人出尔反尔。

磁石能吸铁屑。

善人纳金玉良言，

丰富智者之良言库。

释迦之子释迦牟尼，

修成所有学问，

终成佛祖，

发扬所有经咒之光芒，

降临无尽之佛法世界，

降生为人实属珍贵。

趁难得之身活着时，

理应更上一层楼。

名为《智慧之钥匙》完毕。

选自策·达姆丁苏荣《蒙古古代文学一百篇》

内蒙古人民出版社 1979 年

参考文献

余大钧译注:《蒙古秘史》,河北人民出版社,2001 年。

巴雅尔:《蒙古秘史》,内蒙古人民出版社,1987 年。

额尔登泰、乌云达赉校勘:《蒙古秘史》,内蒙古人民出版社,1980 年。

札奇斯钦:《蒙古秘史新译并注释》,联经出版事业公司,1979 年。

[伊朗]志费尼著:《世界征服者史》,何高济译,翁独健校订,内蒙古人民出版社,1981 年。

[波斯]拉施特主编:《史集》第一卷第一分册余大钧、周建奇译,商务印书馆,1983 年。

[波斯]拉施特主编:《史集》第一卷第二分册余大钧、周建奇译,商务印书馆,1992 年。

《圣武亲征录校注》,王国维遗书第十三册,上海古籍出版社。

《长春真人西游记》,王国维遗书第十三册,上海古籍出版社。

纪流注译:《成吉思汗封赏长春真人之谜》,中国旅游出版社,1988 年。

[明]宋濂等撰:《元史》,中华书局,1976 年。

[蒙古国]沙日布却玛:《黄金史纲》(原本研究)转写索引原本研究,乌兰巴托,2002 年。

特睦格图:《成吉思汗传》,蒙文书社北京,1925 年。

朱风、贾敬颜译:《汉译蒙古黄金史纲》,内蒙古人民出版社,1985 年。

乌兰著:《〈蒙古源流〉研究》,辽宁民族出版社,2000 年。

乌云毕力格著:《〈阿萨喇克其史〉研究》,中央民族大学出版社,2009 年。

札奇斯钦译注 :《蒙古黄金史译注》,联经出版事业公司,1979 年。

[蒙古] 策·达姆丁苏荣 :《蒙古古代文学一百篇》,内蒙古人民出版社,1979 年。

余大钧著 :《一代天骄成吉思汗——传记与研究》,内蒙古人民出版社,2002 年。

[俄国] 额邻真·哈拉 – 达旺著 :《成吉思汗——一位统帅及其遗产》,陈弘法译,内蒙古教育出版社,2008 年。

[苏联] 弗拉基米尔佐夫著 :《成吉思汗传》,余元盦译注,余大钧、余静修订,上海三联书店,2007 年。

[法国] 勒内·格鲁塞著 :《成吉思汗》,谭发瑜译,国际文化出版公司,2003 年。

[日本] 小林高四郎著 :《成吉思汗》,阿奇尔译,内蒙古人民出版社,1983 年。

邱树森主编 :《元史辞典》,山东教育出版社,2002 年。

附录

《蒙古秘史》所载成吉思汗言论研究

内容提要 :将《蒙古秘史》所载成吉思汗言论进行选编,研究其总体情况、主要内容和基本特点是全面而准确地搜集和出版成吉思汗言论的需要,也是蒙古文化建设的需要。

关键词 :圣成吉思汗　言论集　《蒙古秘史》

一、圣成吉思汗言论的传承历史概况

蒙古人在从古至今的漫长历史过程中特别尊重成吉思汗的言论。成吉思汗言论在牧民中口耳相传的同时,以《成吉思汗箴言》或《札撒》命名的手抄本在牧民中珍藏并传承至今。新中国成立后,尤其是改革开放以来,《成吉思汗箴言》《成吉思汗智慧之光》等书籍已出版发行。但是由于这些书籍主要搜集了成吉思汗的箴言,所以未能涵盖成吉思汗在政事、外交、军事、用人等诸多方面的言论。由于以上原因,《蒙古秘史》中的成吉思汗大部分言论未能收入这些书籍。所以,出版一部成吉思汗言论全集更加困难。其中认识方面的原因是,一直有一种保守或守旧的 "全集" 形式占据着统治地位,换句话说只有概念化的理论性言论或文章才能收入 "文集" 或 "全集",从而组成专集。所以那些故事化或形象化的言论所反映的思想无论多么深刻,多么有意义,也不能收入 "文集"。如果将《蒙古秘史》中的

圣成吉思汗众多言论收入《成吉思汗言论集》,就必须克服有关
"全集"的保守思想,坚持从实际出发的基本原则,尊重蒙古人
关于成吉思汗言论的传统说法的实际情况。例如:《蒙古秘史》
(以下均简称《秘史》)96节所载帖木真对王汗所说的:"您以前
与我父亲结为安答,也就如同我的父亲。因此我把我妻子呈献
给公婆的礼物带来呈献给您。"这句话在传统《语录》中肯定不
会收入。但是根据《秘史》所载成吉思汗言论的风格或特点就
必须将这段话收入《成吉思汗言论集》。因为第一,这句话虽然
极其平凡、极其简略,但非常贴切地反映了帖木真的远见和政治
方面一开始就做出的正确选择。第二,王汗作为答谢对帖木真
所说的:"我要为你把散失的百姓聚合起来,答谢你送给我黑貂
皮袄。我要为你把散去的百姓聚集到一起,答谢你献给我貂皮
袄。我要将此事牢记在心里。"这句话是通过王汗的口说出了
帖木真"把散失的百姓聚合起来,把散去的百姓聚集到一起"的
想法。更应该注意到"我要将此事牢记在心里"这句宣誓性质
的话语。换句话说,这是王汗帮助帖木真使"散失的百姓聚合
起来"的秘密宣誓。正如话里有话,王汗的话里隐藏着成吉思
汗的话。根据传统的《语录》风格怎能把王汗的这句话收入到
《成吉思汗言论集》中。但是,如果保持《秘史》的写作特点,将
王汗和帖木真的这次会晤与交谈不列入《成吉思汗言论集》的
话怎能准确表达帖木真少年时代所具有的"把散失的百姓聚合
起来,把散去的百姓聚集到一起"的理想。这正是思想家哈斯
宝所说的"得利"。换句话说,选择收入《成吉思汗言论集》的
言论必须从成吉思汗、蒙古文化和当时书籍的说法等实际情况
出发,选择能够准确反映成吉思汗思想和精神的言论收入《成
吉思汗言论集》。

二、《蒙古秘史》所载成吉思汗言论

本文所利用的《蒙古秘史》是巴雅尔转写出版或额尔登泰、
乌云达赉校勘的十二卷本,282节《蒙古秘史》。国内外学者一

致认为这两种版本所依据的原本具有引用价值。综观本书所载成吉思汗训诫、命令、札撒、箴言、言论，可以看出这些言论是概括反映、形象表达蒙古人的历史发展过程、蒙古民族的形成和发展、成吉思汗的成长和成功过程的言论集。这些记载当然符合《蒙古秘史》写作或说法的总体要求，往往侧重形象表达或生动描写成吉思汗的思想和精神，而概念系统化、理论性表达明显不足。但是反映成吉思汗的思想高度、精神气质、伟大目标方面却达到了绝妙的境界。

《秘史》全部 282 节中记载成吉思汗言论的大约有 80 多节。根据这 80 多节所记载的成吉思汗言论的内容及其发展过程，可分为三个阶段：

第一阶段的言论记在 90 节到 120 节中。这里记载的言论虽然只有短短十几个句子，但是它的内容非常深刻而丰富。这些言论充分反映了成吉思汗少年时代的思想高度和英勇精神的同时，展示了他如何继承乞颜也速该的事业、怎样组建安答和那可儿集团及如何保家立业并为日后的事业打下坚实基础的历史过程。

第二阶段的言论记在 121 节到 202 节中。这 80 多节里记载的成吉思汗言论共 30 多处。其内容涉及更多事件的同时，更深刻、更广泛地反映了他的思想和目标。但是重点还是帖木真非常明确而果断地继承合不勒汗、忽都勒汗的事业，保家立业，组建安答和那可儿集团到"把散失的百姓聚合起来"，组建具有"汗"制部落联盟性质的国家而艰苦奋斗的过程。如同万言之结为一的说法，谁当部落联盟的汗是当时的关键问题。1189 年各部落开会，安坦、忽察儿、撒车别乞等议定推举帖木真为汗。后来成吉思汗提及这次会议时说道："忽察儿，因你是捏坤太师的儿子，我们让你做汗，你不肯做。阿勒坛，因你父忽图剌汗掌管过国家，我们劝你继承父业为汗，你也不肯。薛扯、泰出两人，是上辈把儿坛·把阿秃儿的子孙，我劝说他们俩做汗，他们也不肯。我劝说你们做汗，你们都不肯做。你们都让我做汗，我这才做了。"第二阶段众多言论的核心内容是组建并发展部落联盟性质的国家。如果在第一阶段帖木真的思想主要是保家立业并为日后的事业打下坚实基础的话,在第二阶段他的思想已经升华为组建并发展部落联盟性质的国家为主,谈论约孙、组织力量、成就伟业的阶段。这是成吉思汗首次超越自我的具体实例或帖木真思想的新飞跃或新的进步。

　　成吉思汗思想发展的第三个阶段的言论记在 203 节到 282 节中。大约涵盖 50 多处言论。有些较长,有些只有一个词语或是非常简短的一句话。例如 :如同 "众人可怕,深水可殆"。这些众多言论的主要思想或核心思想是组建大蒙古国。这一思想开始出现于 1189 年部落联盟性质的国家产生时期,进而贯穿于组建以领土为基础的统一国家的整个过程中。这是成吉思汗思想的又一次根本性的、革命性的变化或进步,也是成吉思汗第二次超越自我的实例或新的思想进步。如果出于个人或家族利益,为了建立部落联盟性质的国家而奋斗是一种革命或思想进步的话,从部落联盟进而建立国家政权而自觉奋斗是成吉思汗思想的又一次革命或进步,也是人类文明史的必然趋势,也是蒙古社会发展的实际需要。成吉思汗在敏锐观察和深刻理解这一趋势的同时,通过长期而不懈的奋斗,成功地实现了蒙古民族共同体的形成和大蒙古国的建立。成吉思汗的自我超越不是在某一外来文化的深刻影响或某一宗教信仰的重大影响下被迫实现的,而是他独具慧眼地觉悟蒙古传统文化的优良传统,不断克服自己,攀登时代新思想高峰,成就伟业来实现的。换句话说,这些都是循着自我超越的道路超越自我来实现的。可惊! 可敬!

三、《蒙古秘史》所载成吉思汗言论的特点

　　圣成吉思汗是亲自领导并圆满完成蒙古民族共同体的形成和建立大蒙古国的千年伟人。《蒙古秘史》非常形象、非常生动地记载了其全部过程。所以,《秘史》中他的大部分言论是通过与交谈者直接谈话或诘问的形式出现的。这是他的表达思想的

形式或说法特点。他的言论的基本内容、核心思想主要是以建立大蒙古国和传承发展乞颜文化(乞颜部落传统)优良传统为核心或纲领而被社会所接受和普及的。这里仅就有关成吉思汗如何高举乞颜文化优良传统旗帜的这一特点略述如下。

在长期的历史发展过程中,乞颜部已有了乞颜、约孙、额耶等术语和词语表达的哲学思想,并通过众多基本的实践理念影响或指导着古代蒙古人。这些理念是通过他们表达对生活实践的理解或认识的名词和词汇来运用的。后来经成吉思汗创立回鹘式蒙古文,尤其是随着《蒙古秘史》的编写,出现了用文字记载的专门概念和理念的统一,使蒙古文化提升到新的历史阶段。因此,成吉思汗反复提及的伊克约孙、伊克额耶、乞颜、苏力德等概念和古代蒙古人日常生活中所运用的相同概念和术语是不一样的,它们已经成为成吉思汗思想的来源和主要组成部分,并且同他的实践相结合,提升(升华)为理论化的理念。顺便应注意以下几点:在当时一方面将约孙、木日约孙、图日约孙理解为相同概念,交替使用。另一方面从其意义的抽象与具体、普遍与特殊性出发将其分为木日约孙(规律)、道德、法律三个层次的概念来使用。这是从逻辑和历史的统一、分层次来理解当时的思维发展的结果。

《秘史》216节详细记载了成吉思汗的一段话。他说:"蒙古的国制,在官制方面,有做别乞的体例。巴阿邻氏为长子后裔,别乞之制,在咱们亲族中由尊长担任别乞,兀孙老人你是巴阿邻氏为长的子孙,可做别乞!"这是成吉思汗有关约孙所说的最具代表性的言论。这不仅是在理论方面重视并坚持蒙古优秀传统的体现,而且是在国家制度体制层面创造性地实施蒙古优秀传统的体现。上述成吉思汗回忆1189年选汗会议时所说的那些言论,明确反映了从约孙和额耶的统一上如何看待国家重大问题的基本看法。尤其是成吉思汗创造性地继承和发展了古代蒙古人的"额耶"制度(家族和部落会盟或会议),将部落联盟首领会议制度命名为"伊克额耶"。如果"大忽里台"是从形式上命名的话,"伊克额耶"则是经过深思熟虑紧紧抓住问题要害或核心,突出内容或趋势而命名的名称。在这里清晰阐述了成吉思汗有关额耶的基本思想。

乞颜、约孙、额耶、苏力德等概念明确而准确地阐述了成吉思汗全部思想体系这一点是很容易理解的,但是对有些说法如果不从其分支意义上探究的话,确实很难理解将其收入《成吉思汗言论集》的理由。例如成吉思汗所说的:"孛斡儿出、木合黎二人,赞助朕做好事,劝阻朕做不好的事,才使朕得以登上这大位。""在有云的夜里,围卧在朕的有天窗的帐庐周围的老宿卫们,使朕得以安静地睡眠,使朕得以登临大汗宝座。"如果将这两段话分开看的话确实很难收入《成吉思汗言论集》里,但是将与成吉思汗如何认识自己,如何评价自己相结合,进而联想其"[人] 多使人怕, [水] 深教人死"(《众人可畏、深水可殆》)的基本观点来理解的话,才能理解其真正意思和意义,才能理解必须收入《成吉思汗言论集》的必要性。

再如 : 重视并重用失吉·忽秃忽、孛罗忽勒、阔阔出、古出、者别等人并不仅仅是这四个人的问题,而是这具有模范表率作用。也不仅仅把敌方分为首领、民众和孩子,来分别对待,如对奴隶出身的者勒篾、马夫巴歹、乞失里黑也给予特别赏赐,并将委任和赞赏的言论与他的用人政策联系起来考虑才能深刻而准确地理解将这些言论收入《成吉思汗言论集》的真正原因。

准确理解成吉思汗言论还必须准确理解他的信仰观。因为他的言论中多次提到"天劝""天力""长生天的气力"等说法。成吉思汗少年时代蒙古地区萨满教兴盛,长生天观念确实强烈影响着人们。所以帖木真所说的"莫不是上天阻止我""对不儿罕·合勒敦山,每天早晨要祭祀,每天都要祝祷",甚至"天地护佑力量大增……取胜"等言论是萨满教说法。但是说到底成吉思汗不是萨满教信徒。因为 : 第一,萨满教未能形成使成吉思汗信服并使其成为信徒的逻辑力量和理论能力。第二,如果成吉思汗是萨满教信徒的话,不可能采取尊重并包容其他宗教的宽容政策。世界宗教研究者一致认为排斥其他宗教是所有宗教信徒具有的普遍特征,宗教界也同意这种观点。第三,成吉思汗如果真是萨满教信徒的话,不会因为区区小错而杀害最具权威的帖卜腾格里阔阔出。第四,如果成吉思汗曾经是萨满教信徒,那么他的"箴言""札撒"的主要内容,首先应该是萨满教训诫。但是他的"箴言""札撒"的主要内容,基本原则是"[人]多使人怕,[水]深教人死"(《众人可畏、深水可殆》)的科学原则。虽然成吉思汗从小受到萨满教影响,说些具有萨满教性质的言论,但是他在改造社会的伟大军事斗争和政治斗争实践中深刻地认识到人的本质的力量,不断改造自己,有意识地自我提升,不仅在政治思想方面继续超越自我,而且在思想信仰方面也超越自我,从萨满教影响中解放自己,开创了信仰人的本质力量的崭新的信仰之路。这一信仰观的集中体现是传承于"乞颜苏力德"的"九斿白苏力德"。